Au-delà des mythes et des croyances une conscience en devenir

LE DEVENIR DE LA SPIRITUALITE

Jean-Pierre Onimus

SOMMAIRE

INTRODUCTION

L'univers se présente à nous, comme une machine à fabriquer de la conscience.
Hubert Reeves
Patience dans l'azur

Le drame de la vérité se joue entre le monde et moi. Je disparaîtrai. Mais, après moi, il y aura vous. La marche de l'histoire se poursuivra parce qu'il y aura d'autres que moi, qui s'appellent vous et nous, pour penser le monde et pour le recréer.
Jean d'Ormesson
Un jour je m'en irai sans en avoir tout dit.

En insufflant à l'homme un besoin d'observation et de savoir, la conscience dévoile l'univers, le faisant ainsi exister de plus en plus. Par ce don extraordinaire d'une conscience, l'homme devient créateur de l'univers. Que dire en effet d'un univers dont l'homme serait absent ? Il n'existerait tout simplement pas ou plutôt existerait mais uniquement sous la forme d'équations mathématiques. Pour qu'il devienne réel c'est-à-dire pour qu'il sorte de la formulation mathématique, il est nécessaire qu'une conscience puisse l'observer, l'analyser et finalement poétiser sa beauté. La création indéfinie de l'univers passe donc par le développement d'une volonté d'observation. Une telle volonté a nécessairement besoin d'une foi pour l'animer et quelle plus belle foi peut-on imaginer qu'une foi libre, une foi ouverte sur le monde, une foi au cœur du génie humain, une foi créatrice.

Comment vivre en effet sans avoir au moins conscience d'une perspective, d'un futur ? Comment vivre si l'on se contente du présent, de l'immédiateté, c'est-à-dire de la façon dont vit un animal même le plus sophistiqué ? La conscience, pour être, a besoin de se concevoir dans le temps, il lui faut un passé, une histoire et les perspectives d'un futur imaginé. C'est bien là ce qui différencie l'homme de l'animal.

Mais alors comment sortir de cette contingence animale ? La conscience se veut libre, indépendante, mais en fait elle reste emprisonnée dans le corps, elle subit ses contraintes, ses désirs physiques, ses pulsions sexuelles. La lutte est permanente entre les désirs du corps qui sont des désirs charnels comme tout désir animal et les rêves d'être soi, d'exprimer son individualité, de chercher à connaître plus, sans cesse ! Dans cette lutte, la foi dans le devenir du monde est un guide, un support, elle permet de transcender les désirs du corps dont on ne supporte pas la contingence. Comment peut-on avoir de l'enthousiasme pour vivre sans avoir une foi forte et resplendissante. La foi représente une volonté d'être, une volonté de dépassement, une volonté de comprendre. En quelque sorte la foi devient alors l'ultime expression de la conscience.

Avant d'imaginer le sens que pourrait prendre « une foi créatrice » au sein de notre monde actuel, il convient d'étudier ce qui fait la conscience de l'homme et en particulier ce qui la différencie de la conscience animale.

Cette mystérieuse conscience possède une puissance, une force qui semble venir du fin fond des temps et qui peut vous emmener bien au-delà du réel, vers le tout immense du cosmos, là où l'infini commence, là où le temps s'arrête. Il faut avoir connu cette crise de mysticisme qui vous fait voyager dans les étoiles simplement parce que vous vous êtes arrêté devant une pauvre petite fleur perdue dans les cailloux en pleine montagne et dont le bleu profond a attiré votre regard. N'est-ce pas là un pouvoir fabuleux qui vous est offert sans que vous n'ayez jamais rien demandé et qui vous extrait définitivement de votre animalité ?

Cette conscience brouillonne, fantasque, il fallait la canaliser sous peine de voir l'homme se désintéresser de la vie. C'est là l'origine des religions. En se confiant à un Dieu, le questionnement de la conscience change de sens ; plutôt que de laisser sa spiritualité se perdre dans le néant d'un monde qui ne s'explique pas, il s'agit de la développer en accord avec les croyances attachées à ce Dieu. Avoir la foi en un Dieu est un don de confiance, il ne peut y avoir de moyen terme, la foi nécessite de jouer le jeu dans son entièreté. En ce sens, la religion est une assurance contre les débordements spirituels d'une conscience qui se cherche, elle l'asservit en l'emprisonnant dans son dogme. De son côté, la foi a besoin d'une matière où s'appliquer : ce sont les textes sacrés, quels qu'ils soient d'ailleurs. Ainsi toutes les religions tendent à susciter la foi qui, seule, est réelle et nécessaire, condition suffisante de la morale.

Mais alors s'il est nécessaire d'inventer une religion pour canaliser ce pouvoir fabuleux de la conscience dont les animaux semblent être épargnés, pourquoi en avons-nous été pourvue ? Comment l'évolution biologique du vivant a-t-elle pu laisser se créer une fonction qui semble si totalement inutile dans le processus de sélection naturelle ?

Peut-être est-ce simplement parce que cette fonction n'est justement pas biologique ! La conscience serait alors un phénomène « computationnel » qui émergerait de la socialisation de l'homme. Le langage en constitue le moteur essentiel, il a permis le développement d'une communication intensive entre de multiples cerveaux. En partageant dans leurs mémoires des histoires et en réalisant des associations complexes entre ces histoires, ces cerveaux multiples pourraient avoir généré des processus capables de produire des idées et finalement la conscience de soi.

Cette hypothèse ouvre des perspectives vertigineuses, la conscience viendrait d'une accumulation du savoir humain. Elle serait le produit d'une évolution culturelle qui se réaliserait en dehors de l'évolution biologique et disposerait par là d'un pouvoir d'enrichissement quasi sans limites. Dans ce sens la conscience pourrait être la raison d'être de la vie sur notre planète. En insufflant à l'homme un besoin d'observation et de savoir, la conscience ferait se dévoiler l'univers, le faisant ainsi exister de plus en plus.

Mais il faut aller plus loin dans le processus d'évolution de la conscience, le phénomène computationnel pourrait ne pas s'arrêter à l'individu. Le développement fantastique des communications entre des milliards d'hommes, connectés sur les réseaux tentaculaires existants aujourd'hui et toujours en cours de densification forte, entraîne un brassage des savoirs culturels de l'humanité. Une telle puissance computationnelle permet alors d'envisager l'émergence d'une conscience transversale supportée par l'ensemble des consciences individuelles. Une conscience dont on verra qu'elle s'exécute, de par sa nature, dans le monde inconscient de chaque cerveau. Quoi de plus naturel que d'identifier cette conscience multiple par le néologisme *nooconscience,* le préfixe *noo-* se référant au « noûs » introduit à l'époque de la Grèce antique, en particulier par Anaxagore, et qui équivaut à l'intelligence organisatrice et directrice du monde

Il se dégage de cette hypothèse une force, un élan vital qui implique l'univers dans son entièreté. Il est désormais possible d'envisager un renversement de l'image d'un Dieu transcendant à l'origine de tout. Les Cieux s'évaporent, les étoiles perdent leur sens divin, rien ne vient plus de là-haut pour conditionner et réguler la vie des hommes. La morale que la société génère, c'est à dire les règles de vie sociale, prend désormais sens dans le cadre d'une évolution culturelle poussée par l'enrichissement des connaissances. La spiritualité humaine évolue et se développe sans cesse, contribuant ainsi au développement d'un fond culturel commun. Dans un certain sens, l'évolution de la conscience humaine fédérée par des milliards de cerveaux serait à la source de l'émergence d'un divin dont nous ne pouvons que pressentir la puissance.

C'est dans cet accroissement sans limite apparente de la connaissance que se situe la possibilité d'une nouvelle foi : une foi au monde, une foi créatrice tout à fait opposée à la foi divine qui descend du ciel comme un cadeau.

Le futur de l'humanité prendrait ainsi une nouvelle forme. Avec la disparition des croyances et des mythes, la religion de demain pourrait émerger comme une religion de la non-croyance. L'histoire l'a montré et continue à le montrer : la croyance est synonyme d'intolérance. Trop d'horreurs ont pu être causées par des convictions considérées comme sacrées et par conséquent indiscutables. Par nature, la croyance déteste tout enrichissement des connaissances. Se suffisant à elle-même, elle méprise l'éducation ouverte sur la réflexion philosophique, la recherche dans tout domaine l'indispose. Elle dirige la Pensée en lui imposant une morale où gouvernent exclusivement le Bien et Mal, étant en cela source de guerres et de malheurs absurdes.

L'évaporation des croyances et des mythes ouvre la porte sur un monde nouveau où la Pensée peut se développer sans contrainte. Que trouve-t-on au-delà de la dernière croyance ? Peut-être simplement le vide qui mène au néant ou au contraire l'avenir de l'homme qui s'ouvre à notre enthousiasme ! Tout devient alors possible, rien ne vient plus brider la liberté d'étudier, de découvrir, d'inventer, de créer finalement ! C'est dans ce développement foisonnant de la culture, qu'il soit scientifique, littéraire, poétique, etc. que se niche la source de l'évolution de la conscience et de la morale qu'elle sous-tend.

QUELLE SPIRITUALITE DANS UN MONDE SANS DIEU ?

Nous sommes en train de découvrir que Quelque Chose se développe dans le Monde, au moyen de nous, peut-être à nos dépens. Et, ce qui est plus grave encore nous nous apercevons que, dans la grande partie engagée, nous sommes les joueurs, en même temps que les cartes et l'enjeu. Rien ne continuera si nous quittons la table. Et rien non plus ne peut nous forcer à y rester assis. Le jeu en vaut-il la peine ? ou sommes-nous des dupes ?... Question à peine formulée encore au cœur de l'Homme, habitué depuis des centaines de siècles à « marcher ». Mais question dont le simple murmure, déjà perceptible, annonce infailliblement les prochains grondements. Le dernier siècle a connu les premières grèves systématiques dans les usines. Le prochain ne s'achèvera certainement pas sans des menaces de grève dans la Noosphère.
Pierre Teilhard de Chardin
Le Phénomène Humain (écrit en 1947))

Et ce fut mai 1968…

LA LAÏCITE, UNE NOUVELLE RELIGION ?

> *La laïcité est intimement liée à une religion transcendante. Lorsque votre religion est immanente, elle est forcément inséparable du politique. Mais la transcendance ne suffit pas encore. Seule une religion de la parole (et non pas une « religion du Livre ») peut ménager un espace au politique. Si votre Livre a été dicté par Dieu, expliquez-moi comment vous allez vous y prendre pour créer une distance par rapport à ce livre ? À l'inverse, la parole interprète l'écriture, le livre n'étant pas une parole divine. La religion et l'État sont indissociables dans les pays musulmans. Quand un de ces pays tente d'aménager les deux, le politique et le religieux, cela donne quelque chose d'hybride. Il s'occidentalise.*
>
> *Chantal Delsol*
> *Les Pierres d'angle*

La laïcité s'oppose à la reconnaissance d'une religion d'État. Elle veut l'impartialité ou la neutralité de l'État à l'égard des confessions religieuses.

La religion catholique a pu être une religion d'Etat à l'époque où elle avait dévoyé le message de Jésus lui-même pour dominer l'ordre politique. Aujourd'hui elle s'évapore au profit de la laïcité et ceci est un phénomène propre à l'Occident. Cela a commencé avec le siècle des Lumières qui a préparé l'avènement de la démocratie en introduisant la raison comme valeur incontournable. La religion catholique a alors petit à petit a perdu son pouvoir de contrôle sur la société, elle n'a pas su résister à la pression de la connaissance et surtout au besoin de liberté spirituelle qui fouaillait l'âme humaine. En fait le corps mémoriel de la religion s'est figé dans ses textes, ses rites, ses croyances, ses mythes. Ce faisant, la religion s'est laissée dépasser par l'évolution de la société, elle n'a pas su suivre l'évolution de la conscience. Perdant son caractère divin, elle est devenue une création humaine et par conséquent elle est entrée dans l'histoire tout comme l'art ou la littérature.

Désormais la religion ne structure plus la société démocratique, elle n'en est plus le principe actif d'organisation ou de légitimité. Cela explique la disparition de l'ordre royal qui se basait sur le droit divin. Avec la disparition de la référence à un dieu tout puissant, le roi a perdu son pouvoir, il s'est laïcisé. Aujourd'hui les quelques rois qui subsistent en Europe ne sont plus que des marionnettes que l'on manipule pour amuser les enfants (c'est à dire vulgairement le peuple), leur pouvoir est quasi nul, ils n'ont même pas autorité sur l'armée et l'unité nationale qu'ils sont censés représenter est vide de sens.

La perte des croyances et la désuétude des rites ont bien sûr un effet sur la vie des gens. La religion animait un esprit communautaire, elle entretenait un confort spirituel mais surtout social, elle fournissait un cadre de vie, entretenait des liens, poussait à la générosité, au don de soi, œuvrait pour le bien-être de tous. L'étape dominicale cadençait la vie, elle préservait un temps pour se donner à un dieu tout puissant, source de tout. Il y avait un besoin d'échange avec ce dieu, c'était l'objet de la prière dont l'aspect désuet fait sourire aujourd'hui. Il est significatif de constater que dans notre pays les fêtes religieuses perdent leur identité, leur valeur. Combien sont-ils ceux qui ne connaissent la Pentecôte uniquement que pour le lundi férié ! Alors que c'est quand même la fête du Saint-Esprit, c'est à dire de ce qui fait l'essence même de l'homme. N'oublions pas que l'Esprit Saint désigne le souffle dans la Bible hébraïque comme dans sa traduction grecque, la Septante. C'est le souffle vital qu'on retrouve dans différentes religions et en particulier en Chine où le *qi* constitue un principe fondamental formant et animant la vie dans l'univers. Ce souffle vital est au cœur de la conscience de soi, c'est lui qui nous porte au-delà de notre animalité, c'est lui qui ouvre la prison de notre cerveau biologique et nous pousse à chercher sans fin une réponse à la question transcendantale. La fête du Saint Esprit constitue sans doute la plus belle chose imaginée par les Pères du christianisme !

Mais aujourd'hui ces fêtes, même celle du Saint Esprit, ne sont plus pertinentes parce que ne répondant plus à une valeur symbolique. Elles sont devenues des passages obligés dans le calendrier de l'année, une sorte de rite qui permet de marquer des étapes dans le défilé des mois tout comme le dimanche marque une étape dans le défilé des jours. Certaines fêtes gardent un certain poids symbolique comme la Toussaint à laquelle on associe la fête des morts le lendemain, Pâques que l'on aime encore fêter comme une fête de famille. Quant à Noël, ce n'est même pas la peine d'en parler ! C'est la fête du Père Noël et cela suffit bien pour apporter la joie aux enfants !

La valeur religieuse de la fête a donc disparu, seul reste un rite auquel s'attache une valeur affective liée à la famille. Et la famille est plus que jamais le fondement de l'ordre social. Que ce soit une fête calendaire ou une fête familiale comme le baptême d'un enfant ou un mariage, toutes résistent plus ou moins à l'oubli pour la seule raison qu'elles permettent de rassembler la famille et les amis. Pourtant le baptême tout comme le mariage à l'église ont tendance à disparaître parce que ces sacrements imposés perdent leur signification, tout comme les fêtes calendaires qui ne sont plus fêtées que par simple habitude, pour leur valeur familiale ou simplement comme des jours de congés toujours bienvenus.

Ce lent processus d'oubli des symboles religieux contribue à libérer la société des rites imposés et si les fêtes religieuses résistent encore, c'est par manque d'ambition pour rénover tout cet amalgame de coutumes ancestrales. D'ailleurs il est ridicule de réserver des jours chômés pour des fêtes uniquement liées à la religion traditionnelle du pays, comme la religion catholique en France. Etant donné le melting-pot religieux auquel on assiste aujourd'hui dans la société, il apparaît que l'islam par exemple ou encore le judaïsme aurait tout autant droit d'avoir ses fêtes dûment chômées ! Notre société est désormais multiconfessionnelle, il n'y a donc aucune raison à conserver des fêtes religieuses obligatoires. Cela ne peut qu'entraîner des conflits et pousser à l'extrémisme religieux, ce qui est rétrograde. Un Etat laïc et démocratique se doit de laisser la liberté religieuse à tout un chacun. Dans cet objectif, le calendrier devrait être fondamentalement rénové de façon à le rendre vraiment laïque et indépendant du fait religieux. Ce serait ainsi traiter toutes les religions pratiquées en France au même niveau. Il n'y a en effet pas de raison de favoriser une religion plutôt qu'une autre !

Pour abolir définitivement ces vestiges religieux, il faudrait commencer par supprimer toutes les fêtes calendaires de nature religieuse. Simplement un quota de jours fériés serait accordé à chacun pour être pris à sa convenance. D'ailleurs on remarquera que les vacances scolaires sont déjà établies hors du cadre religieux avec les vacances de novembre (encore appelées les vacances de la Toussaint), celles de la nouvelle année (toujours appelées les vacances de Noël), celles de février (non attachées à une fête religieuse) et celles de printemps (appelées aussi vacances de Pâques mais non attachées à la journée de Pâques). Libérées d'un calendrier imposé, les jours fériés pour fêtes religieuses seraient alors pris à volonté en fonction des traditions religieuses encore respectées ou tout simplement pour organiser une réunion de famille ou à l'occasion d'un anniversaire. Ainsi certains voudront fêter entre autres Pâques ou Noël, d'autres l'Aïd el-Kebir ou l'Aïd el-Fitr et dans le cas de familles multiconfessionnelles, les quatre !

Cette remarque devrait même s'appliquer à la journée de repos hebdomadaire : pourquoi le dimanche plutôt que le samedi ou le vendredi ? Pourquoi en effet laisser une religion particulière imposer ce cadencement hebdomadaire ? Chacun devrait être libre de choisir son jour dominical. De façon générale, il n'y a pas de raison que le calendrier soit imposé par une religion plutôt que par une autre, il devrait être laïcisé ! En fait le calendrier devrait pouvoir se personnaliser au rythme de chacun ou d'un groupe de personnes ou d'une entreprise ou simplement au niveau de la famille, selon les désirs de chacun et de ses intérêts tout en tenant compte des contraintes sociales liées au travail. La liberté nouvelle ainsi créée modifierait sans doute profondément les conditions de travail, elle aurait surtout l'avantage de supprimer les conflits religieux qui conduisent au fondamentalisme.

Mais alors, ce concept de laïcité est-il en passe de devenir une religion ? Où se trouve la frontière floue qui sépare le monde des croyances du monde de la raison ? Y a-t-il d'ailleurs réellement une frontière pour différencier, du monde libertaire où l'observation reste la seule réponse possible à la fameuse question, ce monde des transcendances où l'on peut aimer se réfugier pour échapper à la torture de la question transcendantale ou simplement par simple conformisme ?

C'est parfois vrai. Certains comportements religieux trop visibles peuvent générer des réactions primaires, la société laïque réagit alors comme s'il s'agissait de combattre la religion incriminée. Une telle réaction reste tout à fait contraire au principe même de la liberté acquise d'une pensée qui veut dépasser toute croyance. C'est également tout à fait contre-productif parce que c'est le meilleur moyen de radicaliser les adeptes la religion en question, de les enfermer encore plus dans leurs rites et coutumes ancestrales plutôt que de les laisser accéder à la pensée moderne, libérée des contraintes religieuses. La vraie intégration de tous ces immigrés qui envahissent l'Europe doit s'appuyer sur l'ouverture et l'éducation. Ce n'est pas en critiquant leur religion native que l'on va faciliter cette intégration, il faut au contraire faciliter une deuxième migration, celle qui va les faire entrer dans une nouvelle culture. Il s'agit là d'une migration de corps mémoriel. Abandonnant son corps mémoriel d'origine, l'immigrant doit acquérir les liens nécessaires pour s'intégrer avec le corps mémoriel de la société où il a décidé de vivre. Bien sûr une telle migration culturelle ne se fait pas dans le même temps que la migration physique, il faut ici compter en générations. Le fait religieux évoluera alors de lui-même et se dissoudra progressivement au fur et à mesure de l'intégration culturelle dans le nouveau corps mémoriel. Ce serait sinon le retour des guerres de religion si néfastes à la spiritualité et surtout si contraire à l'esprit nouveau qui naît aujourd'hui dans la complexité exponentiellement croissante du corps mémoriel. Le dogmatisme mène à l'intolérance, l'intolérance au fanatisme, le fanatisme à la barbarie. L'islamisme, aujourd'hui, en offre les exemples les plus spectaculaires, les plus inquiétants, les plus atroces parfois.

Oui ! La vraie laïcité n'est pas une religion mais se rapporte plutôt à une morale libre et créative, elle ne connaît pas de rites contraignants, elle protège la liberté de penser dans tous les domaines qui touchent le social, l'art et la science. Sa propriété fondamentale est d'ignorer le fait religieux, toute religion est admise pour peu que l'on respecte les lois fondamentales qui assurent la sécularisation de la société. La laïcité est donc le chemin ouvert pour dissoudre peu à peu les religions encore actives et par là anéantir les querelles stupides autour des coutumes religieuses. Il s'agit là d'un phénomène inéluctable : la sécularisation progressive de la société occidentale doit petit à petit effacer le besoin d'afficher sa croyance, le fait religieux se dissout alors progressivement dans la richesse croissante du corps mémoriel. Les fous de Dieu qui commettent des délits monstrueux envers la société ne sont que les derniers soubresauts des religions en fin de vie.

La vraie laïcité doit permettre à la conscience de soi de s'épanouir librement, sous peine de se rigidifier et s'interdire toute évolution. Or l'évolution est le moteur fondamental d'une foi créatrice.

DEPOUSSIERAGE DES RITES

> *Le rite transforme le corps matière en corps humanisé, socialisé. Il articule le réel du corps, le symbolique et le social. Sans le rite qui met en rapport avec le corps, le symbolique ne serait que fiction. Sans le symbolique, le geste rituel n'est qu'une répétition mécanique.*
> *Michèle Fellous*
> *À la recherche des nouveaux rites*

Jésus n'avait pas besoin des rites juifs pour exprimer sa foi, il n'a d'ailleurs jamais imposé un rite quelconque, au contraire. Les dits de Jésus expriment une foi à l'état pure, une foi dans la conscience de soi. C'est ensuite que les évangélistes ont construit le dogme et installé les rites devenus essentiels comme remparts protecteurs de la religion. Les rites structurent la religion, enfermant ainsi la foi dans leur prison.

La différence entre la doctrine du Christ et toutes les autres doctrines religieuses réside non dans les exigences mais dans la façon de diriger les hommes. Le Christ n'a donné aucune règle de vie, il n'a même pas institué le mariage. Mais les gens n'ont pas compris cette singularité. Habitués aux doctrines extérieures, socialement visibles, et désireux de se sentir justes de même que le pharisien se sent juste, ils ont pris son enseignement à la lettre et en ont fait tout un ensemble de règles sociales, appelé doctrine chrétienne de l'Eglise, et celle-ci s'est substituée à la véritable doctrine de l'idéal du Christ.

Ainsi s'exprime Tolstoï dans la « Sonate à Kreuzer » :

« Observe le sabbat, fais-toi circoncire, n'absorbe pas de boissons capiteuses, ne tue pas un être vivant, donne la dîme aux pauvres, ne commets point l'adultère, fais tes ablutions et prie cinq fois par jour, fais toi baptiser, communie, etc. » Voilà les points des doctrines extérieures des religions : brahmanique, bouddhique, musulmane, hébraïque et ecclésiastique, cette dernière étant faussement appelée chrétienne. »

Les rites ne sont pas forcément religieux, mais ils sont toujours attachés à un symbole. Ils participent à la vie sociale et culturelle de la société, ils rythment très souvent les actes quotidiens de la vie. En cela les rites séparent les humains du monde animal. Les tout premiers rites : inhumation des corps, feux, élévation de pierres (menhirs ou dolmens) montrent bien qu'à l'aube de l'humanité, le rite est intrinsèquement lié à la culture.

Dans ce sens, il faut distinguer ce que j'appellerai les *rites primaires* des *rites culturels*, ceux qui expriment une symbolique. Tout animal développe au cours de sa vie un certain nombre de rites, que ce soit des rites individuels comme le chat avec son rituel de sieste ou sociaux comme au sein d'un groupe de singes. Mais ces rites sont des *rites primaires* au sens qu'ils n'ont aucune origine symbolique ou culturelle. Ce ne sont que des habitudes prises au cours de la vie, des habitudes parfois héritées génétiquement comme les danses sexuelles du mâle destinées à attirer la femelle, parfois créées en fonction des conditions de vie, sociales ou autres. L'homme, comme tout animal, n'échappe d'ailleurs pas à ces *rites primaires*, mais il importe de les distinguer des rites culturels qui eux prennent leur origine dans le corps mémoriel de la société. Les rites culturels sont proprement humains, ils sont une conséquence de l'émergence de la conscience et ils distinguent définitivement l'homme de l'animal.

Le rite en général est associé à un comportement spécifique. Il peut être purement individuel ou imposé par la société. Le rite individuel est un geste libre, souvent absurde parce que lié à une croyance et dont le caractère symbolique restera privé, limité au corps mémoriel de l'individu. Par exemple je me rappelle ce geste conscient que je pratiquais étant jeune : il s'agissait de contourner dans le bon sens un gros pin qui poussait au sortir de la maison. La croyance associée à ce geste était la réussite à la composition trimestrielle du lycée.

Au-delà du rite individuel se trouve le rite familial. Lorsqu'on aborde le corps mémoriel familial, la richesse des rites augmentent vertigineusement. Ces rites familiaux peuvent alors être considérés comme synonyme d'une culture familiale et dans ce sens contribuent à la vie sociale de la famille. Ils prennent bien sûr leur source dans le corps mémoriel de la famille en question, c'est-à-dire sa culture intime propre. La ritualité familiale est la plus tenace et la plus résistante aux changements sans doute parce qu'elle a baigné toute l'enfance et continue à imbiber la morale transmise par les parents. Ce corpus de rites culturels contribue à former un esprit de famille, une marque reconnaissable même de l'extérieur.

Au-delà de la famille, les rites contribuent à assurer la cohésion de la société comme de la nation. Ils débordent même désormais au niveau mondial comme par exemple les réunions annuelles du Forum Economique Mondiale de Davos, sorte de messe des grandes puissances économiques de la planète.

Généralement les rites évoluent comme le corps mémoriel dont ils dépendent, chaque strate de ce corps mémoriel étant associé à des rites propres. Certains rites s'affaiblissent et perdent petit à petit leur contenu symbolique, d'autres nouveaux au contraire apparaissent avec l'évolution de la morale sociétale et de son histoire.

Parmi la profusion de rites que l'on peut observer dans une société, il y a bien sûr les rites religieux. Il s'agit là de rites liés à une croyance par opposition aux rites générés par les besoins sociaux de la société. Fêter un 14 juillet n'a rien à voir avec fêter la résurrection du Christ ! Le premier rite a l'objectif clair de vouloir affirmer l'esprit national du pays, alors que l'on fête Pâques pour exprimer sa croyance dans le Dieu des chrétiens. Il ne s'agit plus là d'un symbole dont l'origine se trouve dans l'histoire de la société, mais d'une cérémonie religieuse dans laquelle s'exprime une croyance. Mais chacun de ces rites a pour objectif d'affirmer la cohésion d'une communauté autour d'une mémoire symbolique qu'elle soit nationale ou religieuse.

La conservation, l'enseignement et l'application des rituels a été un des rôles majeurs des religions et de leurs célébrants. Avec l'effacement progressif de la religion et la disparition des célébrants, ces rites religieux régressent à l'état de simples habitudes, ils ne sont plus que des rites primaires auxquels certains obéissent encore par tradition.

Cependant si la religion s'appuyait autant sur les rites pour assurer son fonctionnement et maintenir en cage la spiritualité des individus, c'est bien qu'ils avaient un rôle essentiel. Comment imaginer vivre avec un Dieu sans rites pour l'adorer, le craindre, le supplier ? C'est tout le poids du dogme qui pesait sur les consciences grâce à la relation rituelle, il s'agissait d'imposer aux membres de la communauté une certaine attitude envers un objet, attitude qui implique un certain degré de respect exprimé par un mode de comportement traditionnel référé à cet objet.

Le développement fantastique de la culture et des connaissances dans le corps mémoriel sociétal a fait imploser ces rites religieux. Une spiritualité nouvelle s'en est échappée. La foi étroitement contenue par les dogmes s'est ouverte à de nouvelles perspectives, enivrée par cette liberté créatrice qui lui est offerte.

Cette ouverture annihile la symbolique associée aux rites imposés par les dogmes, entrainant leur assèchement. La créativité, qui est une spécificité intrinsèque de l'homme, reprend le dessus et avec la créativité, l'évolution culturelle. Cette liberté de penser et de chercher ouvre une nouvelle ère, l'après-anthropocène. Si nous, humains, continuons à piller la planète comme nous le faisons, nous allons dans le mur, il nous faut inventer, imaginer, créer les conditions pour entrer dans l'après-anthropocène. C'est là toute la culture écologiste et derrière cette culture, une nouvelle façon de concevoir le futur du monde.

Un exemple du fixisme entrainé par les rites traditionnels est la civilisation chinoise : cette domination des rites traditionnels constitue peut-être une des raisons pour laquelle cette civilisation, pourtant très sophistiquée, n'a pas su dominer le monde comme l'a fait l'Occident. Mao a voulu rompre avec ce sortilège qui emprisonnait la pensée de son peuple en bousculant les traditions jusqu'à initier une « révolution culturelle » qui s'est appuyée sur la jeunesse du pays. Révolution tragique, mais qui semble finalement avoir été bénéfique quand on voit le succès de la Chine aujourd'hui, devenue première économie mondiale.

C'est sans doute là le point essentiel de l'évolution culturelle de notre monde : la volonté d'une foi libre, une foi qui puisse se remettre en question chaque jour, à chaque heure, à chaque seconde ! Pour cela il faut éliminer, abroger, tous les rites dont l'origine tient à une croyance. La foi n'a pas besoin de rite pour vivre et se développer, le rite l'étouffe, il la sclérose et lui fait perdre son sens.

Le rite religieux est toujours le reflet d'une croyance. En tant que tel, il doit être pourchassé ! En éliminant les croyances, on libère la foi pour en faire une foi créatrice, une foi qui anime la recherche, une foi qui active l'observation de ce que nous sommes dans un univers que nous découvrons sans cesse. Ce faisant nous contribuons à l'enrichissement du corps mémoriel et à son évolution vers un futur totalement inimaginable.

Dans ce dépoussiérage des rites, il faut conserver ceux qui vibrent de vie, ceux à travers lesquels nous sentons le futur se préparer. Ce sont ces rites qui nous aideront à construire le futur, l'après-anthropocène. Il s'agit essentiellement de rites liés à la connaissance comme par exemple les groupes de réflexion sur tout sujet, les congrès qui rassemblent des scientifiques ou des philosophes sur certains domaines particuliers ou encore les conférences sur l'environnement et le changement climatique. Ce sont là des rites qui contribuent à l'échange, à l'évolution des connaissances et finalement à des prises de conscience que l'individu seul ne saurait acquérir. C'est dans ces rites que la notion de *nooconscience* prend son sens. Ils constituent la courroie de transmission qui permet à la *nooconscience* d'exercer son influence auprès de chaque conscience individuelle.

Le super-organisme tissé du fil de nos individus s'apprête, non pas à nous confondre, mais à nous porter, au sein de plus de complexité, à une plus haute conscience de notre personnalité dit Teilhard de Chardin dans L'Avenir de l'homme, 1959.

UNE MORALE CREATRICE

> *Les dieux multiples sont le fruit de la foi, donc des croyances de l'homme à un moment donné. Quand l'humanité disparaîtra, les dieux disparaîtront avec elle.*
> *Edgar Morin*

La morale incarne-t-elle l'indice le plus solide de l'existence de Dieu ? C'est bien ce qu'on peut penser si on cherche à l'intégrer dans l'évolution biologique, tout simplement parce qu'elle ne peut pas être le fruit d'une telle évolution. En effet l'évolution biologique n'obéit à aucune morale, elle n'a pas de direction et se laisse gouverner par le hasard. En fait la morale est un phénomène proprement humain, elle naît et évolue avec la culture, elle fait donc partie du corps mémoriel de la société.

En réalité il convient de distinguer deux niveaux de morale : la morale animale qui permet la vie sociale du groupe et la morale humaine qui inclut la morale animale mais qui apporte aussi la conscience du bien et du mal. Les animaux possédant une *conscience immédiate*[1] n'ont pas accès à la morale culturelle propre à la conscience humaine, ils possèdent simplement une morale biologique ou instinct qui prend son origine dans l'évolution darwinienne. L'animal n'a pas conscience des règles de vie auxquelles son instinct l'enjoint d'obéir, il ne peut pas en concevoir l'histoire et encore moins la valeur positive ou négative. On l'a dit, l'animal possède une conscience immédiate et cette conscience limitée ne lui permet pas de percevoir la notion de bien ou de mal, il agit selon la règle codée dans son cerveau par son héritage biologique. Dans une société de fourmis, chacune tient le rôle qui lui est attribué à sa naissance, il ne peut y avoir de questionnement, encore moins de révolution contre l'organisation, les règles sont appliquées automatiquement.

Ce concept de morale animale s'applique également aux animaux plus évolués comme les grands singes, qui disposent de la capacité supplémentaire de l'apprentissage. Un singe, tout comme un chien, peut apprendre de nouvelles règles sous l'influence du groupe dans lequel il vit ou sous l'effet d'un dressage imposé par l'homme, mais ces règles resteront automatiques au sens que l'animal sera toujours incapable de leur donner une histoire. Et sans histoire, une règle ne peut pas avoir une signification, une valeur. La transmission entre générations se fait alors par imitation, l'animal ne disposant pas du langage permettant de mémoriser un corps mémoriel.

Pour un animal quel qu'il soit, il n'y a pas de notion de bien ou de mal, seulement des règles de vie qu'il applique sans y penser afin d'assurer sa survie dans les meilleures conditions. Il s'agit donc toujours d'une morale immédiate

---

[1] Voir chapitre « Qu'est-ce que la conscience ? »

et les règles qui en découlent sont dépourvues de symbolisme.

Le même processus de règles morales, qu'elles soient acquises génétiquement ou par apprentissage, existe chez l'homme, mais, au-delà de ce processus primaire, l'homme a par nécessité développé une morale ontologique, une morale de l'être, c'est-à-dire finalement une morale consciente d'elle-même. C'est en effet un besoin de la conscience de s'appuyer sur un savoir-vivre pour assurer la représentation de son être au sein de la société. Ce besoin est apparu dès le processus d'urbanisation de l'homme et la culture qui en découle. Il dépasse la morale immédiate de l'animal en symbolisant dans le corps mémoriel un semble de règles nécessaires pour assurer le vivre-ensemble.

Le politique rejoint ici le religieux, les règles du vivre-ensemble étant formalisées dans un code judiciaire mais aussi transcendées en symboles imposés par une autorité divine. Ce qui favorise ou ce qui nuit au bien-vivre de la société constituent bien sûr les critères élémentaires de la morale, mais d'autres éléments liés à la spiritualité peuvent entrer en compte au fur et à mesure que la société se développe. C'est dans ce sens que la morale humaine introduit la symbolique du bien et du mal. Dans le cadre religieux cette notion de bien et de mal donne aux règles morales un caractère absolu, mais ce caractère transcendant doit relativisé lorsqu'on se réfère à la société elle-même et l'évolution de sa culture. Des choses, considérées mauvaises par la religion, peuvent être réévaluées dans le cadre de l'éthique sociale courante et finalement acceptées. Le symbole religieux associé se dégrade alors au rang de superstition. Ainsi des règles morales interdisant la contraception, l'avortement, l'homosexualité, etc. ont pu s'évaporer petit à petit. La religion, en figeant la morale dans la transcendance, cherche à immobiliser l'évolution de la société dans son éthique, ce qui est évidemment contre-productif. La morale doit nécessairement évoluer tout comme se développe le corps mémoriel et la culture qu'il contient, c'est même le principe fondamental d'une société vivante.

La morale naît donc dans la culture, en ce sens elle est spécifiquement humaine. Cette morale évolue dans le temps, elle a une histoire et par conséquent des valeurs. Surtout elle est vivante et se modifie avec le vivant social, elle est le fruit collectif et évolutif de l'action et de la pensée humaine. Le corps mémoriel joue un rôle essentiel dans l'émergence de la morale. En effet, étant la mémoire sociale et culturelle de la société qu'il représente, le corps mémoriel est au cœur du processus qui génère et attribue des valeurs aux règles morales et surtout anime leur évolution. La valeur attribuée à une règle morale pose souvent beaucoup de questions liées à la notion de bien ou de mal. Cela entraîne nécessairement des évolutions multiples dans le temps. Par exemple les sciences expérimentales comme la génétique, les neurosciences, l'immunologie, mais aussi le droit, les sciences humaines et sociales apportent des réponses différentes à ce type de questions, réponses dont la valeur peut changer du tout au tout en quelques dizaines d'années.

Les règles morales s'appliquent généralement aux mœurs et coutumes d'un groupe social. Elles peuvent être vues comme de simples habitudes adoptées pour assurer un mieux-vivre et qui ont fini par s'imposer, ces façons d'agir sont alors intégrées dans le corps mémoriel (consciemment ou non). Mais ces règles morales sont nécessairement relatives, variables selon les civilisations et les époques, et donc dépendantes du corps mémoriel relevant de cette civilisation. Certaines règles morales peuvent acquérir une certaine universalité en s'appliquant transversalement sur plusieurs civilisations différentes, il s'agit là de concepts moraux qui dépassent la localité comme la représentation de l'être humain avec les droits de l'homme ou encore l'écologie avec la notion de comportements raisonnables nécessaires à la survie de la planète. Ces concepts sont liés à l'émergence d'un corps mémoriel de niveau mondial, un corps mémoriel qui se construit et vit dans des réseaux d'échange de plus en plus denses. Ce corps mémoriel planétaire est en forte croissance, il se base sur des règles morales essentiellement inspirées par l'Occident et conséquemment provoque parfois des réactions de rejets violentes de la part de civilisations qui n'ont jamais conçu un tel niveau moral. Il en est ainsi des règles morales liées à la condition féminine qui dans certains pays, essentiellement sous l'influence de la civilisation occidentale, veulent aligner les droits de la femme avec ceux de l'homme que ce soit en terme d'éducation, de participation à la vie sociale, d'équivalence dans le monde du travail et en politique. D'autres règles plus controversées concernent les droits à la sexualité, comme l'homosexualité, l'avortement, le contrôle des naissances. Toutes ces règles nouvelles démontrent la capacité d'évolution de la morale culturelle par opposition à la morale animale toujours sous-jacente chez l'homme qui, elle, n'évolue que dans le cadre biologique.

Cette liberté d'évolution de la morale a toujours fait peur et c'est sans doute une des raisons de l'émergence du fait religieux. L'homme a toujours eu envie de freiner l'évolution de sa morale de peur de voir sa société se déliter sous l'effet de règles qu'il ne maîtrise pas. Et quel meilleur moyen pour figer une morale que de lui donner un aspect transcendant ! Les règles deviennent alors des normes absolues, invariables dans le temps, transcendantes et d'origine divine ou révélées. La morale représente alors l'objectif religieux vers lequel les croyants doivent s'efforcer d'avancer conformément à leur foi. Afin de mieux imposer sa volonté, la morale religieuse ajoute des règles artificielles que le croyant est supposé observer pour accéder au Paradis. Ces règles, à priori sans justification rationnelle, jouent un rôle social, elles constituent un ensemble de liens qui soudent la communauté et centrent la pensée vers le but unique : Dieu. Les religions ont ainsi inventé différents préceptes d'identification sociale comme la circoncision, l'emploi du temps, le régime alimentaire, la réglementation de la sexualité, manger du poisson le vendredi, jeûner pendant le ramadan, la messe du dimanche, etc. Toutes ces règles sans justification rationnelle ont tendance à s'évaporer.

La morale religieuse est normative, les règles qu'elle prétend imposer reposent sur la distinction entre ce qui est bien et ce qui est mal. Une telle morale absolue a eu des conséquences souvent négatives. Etant par nature impérialiste, elle a provoqué des dégâts tragiques. Comme le dit Edgar Morin (La Méthode, Ethique), l'une de plus grandes causes du mal est dans la conviction d'être possédé par le bien, ce qui a produit les innombrables massacres, inquisitions, persécutions et guerres religieuses que l'on connait. C'est la conviction de faire le bien qui est une cause puissante du mal ! Une telle conviction ne résulte pas d'une volonté mauvaise, mais d'un excès de foi qui devient facilement fanatisme et cela peut avoir des conséquences dramatiques. Un exemple significatif est l'application d'une telle la morale absolue lors les périodes de colonisation provoquant par exemple l'annihilation des cultures indigènes en Amérique du Sud où le clergé espagnol a imposé ses lois au détriment des peuples locaux comme les Aztèques et les Incas. Le cas le plus extrême est bien sûr représenté par la morale anti-juive du nazisme qui entrainé la Shoah.

Heureusement ces morales absolues résistent difficilement au temps. Les sociétés évoluent et lorsque que le carcan devient insupportable, il faut que cela explose ! La révolution des étudiants de Mai 1968 en est un exemple frappant, elle a été entre autre un élément déclencheur de la libération sexuelle, brisant en éclats la morale religieuse dans ce domaine.

L'effacement progressif du fait religieux et la perte de foi correspondante entraîne une liberté spirituelle qui secoue le panier historique des règles morales. Devenue libre, la pensée cherche à s'adapter à un nouvel environnement libertaire où la vie sociale ouvre des perspectives immenses. Cela pousse l'individu à créer sa propre morale à partir du ressenti culturel acquis par son éducation et puisé dans le corps mémoriel de la société où il vit, il se comporte alors en accord avec son sentiment par acceptation ou rejet de tout ou partie de cette culture historique.

Un tel individualisme peut présenter des aspects négatifs hautement dangereux. La conscience peut s'égarer dans des croyances absurdes et perdre tout contact avec la réalité extérieure. C'est par exemple le cas du radicalisme religieux d'où émerge une morale de combat qui n'a rien à voir avec sa religion d'origine. La foi qui l'anime devient une foi haineuse pour laquelle tous les peuples laïques sont impérialistes, colonialistes et doivent être détruits ! C'est là ce qu'on voit apparaître dans le conflit apparent qui semble émerger aujourd'hui au sein nos sociétés occidentales d'origine chrétienne, désormais très laïcisées, entre la morale républicaine qui se veut indépendante de toute religion et la morale musulmane qui envahit petit à petit la société grâce à l'immigration.

Ce phénomène met encore plus en valeur le poids de la foi. Il est certain que la foi religieuse a un pouvoir de cohésion sur la société, ce pouvoir existe encore dans les communautés musulmanes et, ce faisant, il met ces communautés en porte à faux avec la société occidentale désormais profondément laïcisée. Il ne s'agit pas là de guerre de religion puisqu'il n'y a plus de religion du côté occidental, mais bien plus d'un conflit entre un monde sécularisé dont la culture et la connaissance se développe exponentiellement face à des peuples encore englués dans une religion traditionnellement théocratique, étant par ses origines une religion d'Etat. Pour résoudre un tel conflit, il est nécessaire de susciter une nouvelle foi, une foi créatrice qui ne serait pas basée sur le divin mais bien plutôt sur l'évolution prodigieuse, et qui s'amplifie sans cesse, des connaissances et de la conscience qu'on en a.

La morale ne peut donc pas être absolue. La morale se modifie au fur et à mesure de la croissance du corps mémoriel, elle se situe sans doute au cœur du processus d'émergence de la *nooconscience*. Cette morale est créatrice, c'est la seule voie d'évolution raisonnable qui se présente à nous. Il reste à déterminer quelle foi nouvelle pourrait l'accompagner.

PEUT-ON RE-ENCHANTER LE MONDE ?

> *I never have been in despair about the world.*
> *I've been enraged by it. I don't think I'm in*
> *despair. I can't afford despair. I can't tell my*
> *nephew, my niece. You can't tell the children*
> *there's no hope.*
> *James Baldwin*

On dit souvent que le monde perd son enchantement, que tout va trop vite, que des repères disparaissent, que c'est chacun pour soi, que l'on ne sait plus communiquer, que la perte des croyances religieuses nous laisse orphelin, etc. Comment cela peut-il être possible et si le monde perd son enchantement, quelles perspectives pouvons-nous offrir à nos enfants ? Quel monde vont-ils trouver et comment sauront-ils s'adapter à son évolution ? En quoi l'émergence possible d'une *nooconscience* pourrait-elle nourrir leur besoin spirituel ? Et finalement pouvons-nous dépasser cette fameuse question transcendantale qui continue de torturer notre conscience ?

Il n'y a évidemment pas de réponse toute faite, sinon cela voudrait dire que l'on aurait découvert le secret de l'existence.

Mais d'abord quel sens donner à ce « monde » qui perdrait son enchantement ?

Le monde peut prendre des significations multiples selon comment on le conçoit. Il peut simplement désigner un ensemble de personnes partageant un thème ou une religion comme par exemple le « monde scientifique » ou le « monde chrétien », plus généralement il peut s'adresser à l'humanité dans sa globalité ou dans un sens géographique la planète elle-même que parcourent les hommes, il peut même désigner l'univers entier c'est à dire tout ce qui existe. Dans le sens où nous l'entendons, le monde désigne notre environnement tel que notre conscience le perçoit avec son bagage culturel et les échanges sociaux qu'elle peut animer. Il s'agit donc là d'une sensibilité personnelle qui peut prendre différentes formes selon les individus.

Cette restriction a un certain nombre de conséquences : le monde n'est pas seulement une réalité physique, il ne se contente pas d'être une entité tangible, il n'a rien à voir avec l'univers cosmologique quoique que la notion de ce dernier en fasse partie, il ne se limite pas à un groupe social défini ou plus largement un rassemblement de personnes.

En fait la perception que l'on a de ce monde est une sensation indirectement produite par la conscience. Cette perception est bien sûr assimilée par notre cerveau et retravaillée avec les connaissances acquises à partir du corps mémoriel. Il en résulte une modélisation personnalisée du monde, une modélisation influencée par notre éducation, notre expérience de la vie et les relations que nous avons avec nos semblables. Il y a une réalité physique bien sûr qui définit ce qui nous entoure, ce que nous voyons, ce que nous sentons, ce que nous apprenons, mais la conscience intègre ces sensations et construit sa propre vision de cette réalité du monde. Ainsi on ne verra généralement pas le monde, tel que nous l'avons défini, de la même manière selon l'état sentimental qui nous occupe à un moment donné, par exemple selon que l'on est heureux ou malheureux, optimiste ou pessimiste. En fait la vision que l'on a du monde reflète notre état d'esprit, la façon dont nous réagissons avec les autres et plus généralement la réponse spirituelle que nous donnons à la fameuse question transcendantale : *pourquoi y-t-il quelque chose plutôt que rien* ?

Dans cette optique, notre conception du monde peut être quasi vide, insignifiante ou au contraire pleine de sens selon l'état d'éveil de notre conscience. Nous pouvons mener une vie automatique, centrée sur une activité journalière submergée par les soucis ou parfois par les plaisirs et autres jouissances. Dans ce cas le monde reflète ces préoccupations, il devient l'environnement, le terrain de jeu permettant cette activité. Parfois nous pouvons aussi arrêter cette activité automatique pour mieux regarder ce qui nous entoure, pour mieux observer. Alors le monde prend une autre dimension, la conscience se réveille et nous pousse à dépasser l'horizon du quotidien pour voir plus loin que l'environnement de tous les jours, c'est à dire le terrain de jeu de nos plaisirs ou de nos souffrances. Dans ce sens, la notion de « monde » est quelque chose de personnel qui se construit dans le cerveau au cours de la vie, mais la vision que nous en avons peut varier d'un moment à l'autre selon notre état de conscience. Cette vision toute subjective et relative du monde réel est évidemment complétement déconnectée de la représentions absolue, ex nihilo, imposée par les religions traditionnelles. C'est pourtant avec cette vision multiforme et nécessairement personnelle que notre conscience questionne et non pas une vision absolue basée sur des croyances. Le développement exponentiel des échanges interhumains fait converger ce monde multiforme vers une vision intégrée, plus riche car profitant de la progression des connaissances et de la liberté acquise de la pensée. Nous retrouvons là cette *nooconscience* que nous avons introduite dans la première partie.

Alors ce « monde » qui se dévoile sans cesse plus grâce à l'évolution de notre corps mémoriel perd-t-il son enchantement ?

Il est certain que le cadre de vie imposé par la religion principale en Occident s'évapore petit à petit libérant une spiritualité brouillonne qui se cherche en de multiples directions, souvent au profit de sectes diverses, certaines plus ou moins évangéliques, qui sont vues comme des bouées de sauvetage dans un monde en perdition. La désacralisation de l'univers, dont nous connaissons maintenant la minéralité physique, nous a fait sortir de notre position centrale. Nous avons découvert un univers complexe dont l'origine est un Big Bang sorti de rien. La partie de l'univers que nous pouvons observer est bornée par l'horizon cosmique qui correspond à la lumière la plus ancienne qui nous parvient, celle du début de l'univers. Au-delà nous ne savons pas ce qu'il y a. Au sein de cet univers, nous sommes nés par hasard sur une petite planète parmi une quantité d'autres. Certaines de ces autres planètes possèdent probablement les conditions nécessaires à la vie telle que nous la connaissons sur la Terre, mais il n'y a aucun moyen à notre portée pour rencontrer ces autres formes de vie ou au moins échanger avec elles. En réalité nos connaissances scientifiques actuelles font apparaître l'impossibilité de visiter et de conquérir cet univers qui pourtant fait partie de notre monde puisque nous pouvons l'observer ! Les seules planètes qui apparaissent accessibles en l'état actuel de nos connaissances sont les planètes du système solaire, mais aucune ne semble héberger la vie. L'univers semble ainsi nous défier. Une telle absurdité donne le vertige. Rien que l'idée que nous n'avons aucune possibilité de conquête est insupportable ! D'ailleurs la science-fiction a vite dépassé ce problème pour asservir l'univers à sa volonté !

L'homme se retrouve ainsi confiné sur sa petite Terre. Le développement fantastique de son espèce (environ sept milliards d'hommes aujourd'hui !) épuise la planète et surtout modifie son équilibre thermique et énergétique. La Terre n'offre tout simplement pas assez de ressources pour que tous les pays acquièrent un niveau de vie comparable à celui des pays les plus riches ! D'ailleurs l'accès aux ressources disponibles sont ou seront la cause de conflits violents, le partage équitable n'étant pas une loi naturelle chez l'homme, la tendance étant plutôt au chacun pour soi. Ainsi certains pays sont gorgés de pétrole au point de pas savoir quoi faire de leurs revenus jusqu'à investir dans des futilités comme le football alors que d'autres crèvent de misère comme certains pays en Afrique ou à Haïti !

Face à ces limites, nous prenons conscience aujourd'hui que notre belle planète devient fragile et que son avenir peut être grevé par des actes inconsidérés. Cette inquiétude se reflète dans l'émergence d'organisations écologiques ; un besoin de responsabilité envers la planète se fait jour afin d'en assurer la préservation pour les générations futures.

Ces perspectives soulèvent des questions métaphysiques. La finitude apparente de ce monde est en contradiction avec notre besoin de savoir. A moins de vivre comme un animal et de ne penser à rien, nous ne pouvons pas nous empêcher de spéculer sur les raisons de l'existence, de s'interroger sur ce qui justifie notre besoin de vivre. Quelles perspectives nous offre cette petite Terre qu'il faut désormais cultiver et soigner comme son jardin ? Comment satisfaire ce questionnement auquel la foi traditionnelle ne répond plus ? Pourquoi Dieu n'arrive-t-il plus à calmer notre angoisse ? Où sont passés nos rêves d'enfant avec leurs mythes qui berçaient si harmonieusement la vie ? Que deviennent les fêtes qui cadençaient l'année et dont le symbolisme aujourd'hui perd son sens ? Et finalement comment peut-on vivre sans croyance ?

La solution la plus élémentaire pour occulter ce questionnement difficile consiste à se plonger dans un torrent d'activités afin de ne plus penser. La société humaine est ainsi faite que les incitations ne manquent pas pour s'occuper. Mais au bord du vide, il faut savoir garder son équilibre et ne pas tomber. D'un côté, la mort et la fin de toute chose, de l'autre le sectarisme dur et froid ou la folie. L'homme normal reste en équilibre et ajuste sa vie dans la société, c'est la vie sociale, la vie productive pourrait-on dire. Mariage, travail, enfants, c'est le cheminement classique qui permet à la conscience individuelle de survivre sans trop se poser de questions.

Pourtant la spiritualité a besoin d'espace, elle ne peut pas rester enfouie sous une montagne d'activités diverses, elle n'accepte pas non plus un cadre religieux devenu trop étroit. Le besoin spirituel finit toujours par ressortir plus affamé que jamais.

Mais alors comment satisfaire cette faim spirituelle ?

Tout ce qu'on peut faire, c'est observer. C'est dans l'observation que la spiritualité peut dépasser l'ego et ouvrir la conscience sur le devenir en cours. Mais cette position ne signifie pas qu'il convient de se retirer progressivement du monde pour grimper marche par marche une échelle de Jacob qui mènerait vers les cieux où régnerait un Dieu imaginaire. Non ! Le retrait du réel, même porté par une foi absolue, vers une transcendance imaginaire ne mène à rien. C'est dans l'observation, dans l'éveil, que peut émerger une spiritualité libérée des croyances et des dogmes, une spiritualité qui se nourrit du corps mémoriel avec lequel elle échange sans cesse.

Souvent lors d'une balade en montagne, la nature m'apparaît magique par sa beauté et sa perfection, elle est innocente aussi parce qu'elle ne sait pas ce qu'elle fait. La nature est ainsi faite que tout en elle pousse à la vie, c'est là une force fondamentale qui a commencé il y a environ trois milliards d'années avec la création de la première cellule vivante. Mais déjà cette première cellule présentait une complexité tellement inouïe avec son génome ADN lui permettant de se reproduire en transmettant son héritage génétique que l'on débat encore sur les mécanismes chimiques qui ont permis son émergence. Il a fallu ensuite passer au stade de la reproduction sexuée qui permet d'assurer la variabilité génétique. La fusion des gènes parentaux implique la création d'un être nécessairement différent de tous ceux qui ont pu le précéder. Dans ce processus, des mutations aléatoires peuvent apporter des caractères physiques positifs pour la survie de l'animal et ces caractères seront retenus par sélection naturelle dans la descendance. Cette capacité de reproduction constitue le mécanisme essentiel pour assurer l'évolution biologique telle qu'elle a été découverte par Darwin : variations aléatoires héritables et compétition au sein d'une population pour l'accès aux ressources. Il a fallu un long processus avec des créations suivies de disparitions d'innombrables espèces pour parvenir à l'avènement d'une espèce particulière parce que disposant de la capacité de développer une culture et conséquemment une conscience, l'homme. On ne peut qu'être impressionné par cette force de vie qui domine sur notre planète et qu'on peut supposer exister sur d'autres semblables à la nôtre.

Mais cette force de vie a-t-elle une direction ?

Jusqu'à l'apparition de l'homme, l'évolution du vivant a suivi une loi biologique dans laquelle le hasard semble être le facteur essentiel. Des modifications aléatoires dans la transmission du patrimoine génétique introduisent parfois des caractéristiques innovantes. La sélection naturelle joue ensuite pour conserver celles qui favorisent la survie de l'espèce concernée. Cette loi est basée sur un temps biologique qui se mesure en millions d'années.

L'homme a bouleversé tout cela en domestiquant artificiellement les plantes et les animaux pour les adapter à ses besoins. En sélectionnant les variations génétiques les plus adaptées à ses besoins, il a en quelque sorte domestiqué la sélection naturelle en l'adaptant à son temps propre. Le premier cas typique de sélection artificielle est le blé. Il a été domestiqué à partir d'une graminée sauvage au VIII millénaire avant J.-C. dans le Croissant Fertile formé par la Mésopotamie et le Levant au Moyen-Orient. Le critère de sélection a consisté à sélectionner les variétés dont les grains restent sur l'épi quand ils sont mûrs ce qui les rend plus faciles à récolter que les grains sauvages, lesquels se dispersent au sol. Ce processus de sélection artificielle a continué avec la domestication des animaux comme les bovins, les moutons, etc.

Après avoir ainsi domestiqué la sélection naturelle, l'homme a appris à maîtriser la génétique. Grâce à cette nouvelle technologie, il devient possible de provoquer la mutation intéressante plutôt que d'attendre que le hasard la produise, ce sont les fameux OGMs tant décriés.

En fabriquant des OGMs, l'homme asservit l'évolution biologique et devient capable de l'accélérer dans un temps artificiel, ce n'est plus le hasard qui modifie les gènes, ni le processus de sélection naturelle qui privilégie certaines de ces modifications, mais la volonté de l'homme. Nous savons aujourd'hui manipuler les gènes du vivant domestique pour développer certaines caractéristiques qui faciliteront son exploitation et augmenteront son rendement. Nous disposons même du pouvoir d'agir sur nous-même ou notre descendance avec tout ce que cela comporte comme risque de dérive eugénique.

Nous sommes ainsi en présence d'une évolution créée artificiellement par un cerveau trop intelligent. On pourrait appeler cette évolution, une évolution domestique en ce sens qu'elle ne suit pas les lois de l'évolution biologique, mais des lois imposées par l'homme. Grâce à ces techniques l'homme se libère du processus purement biologique basé sur le hasard, il l'oriente dans la direction qu'il désire. Et le temps d'action de cette évolution domestique change, il s'accélère au fur et à mesure que la connaissance scientifique s'accroît.

C'est là un pouvoir presque monstrueux que nous avons acquis, un pouvoir qui permet de modifier la vie selon notre bon vouloir, en tout cas selon nos besoins. Nous ne sommes plus une espèce animale comme une autre, nous sommes devenus des créateurs. Un tel pouvoir nécessite d'être canalisé sous peine de générer des catastrophes ou même la disparition pure et simple de l'humanité. C'est là qu'intervient, je pense, la potentialité de la *nooconscience* que nous pressentons. Son émergence par l'organisation de multiples consciences individuelles autour d'un corps mémoriel partagé pourrait influer le comportement des hommes et les aider à mieux se comprendre. En conditionnant l'inconscient humain, cette *nooconscience* favoriserait l'élaboration d'une morale adaptée au pouvoir que l'homme a acquis sur la nature afin de le rendre bénéfique.

L'élan vital qui sous-tend ce processus a ceci de particulier qu'il n'est pas contingent, il ne suit pas les mécanismes biologiques, il n'obéit pas au hasard. Il émerge au sein de la *nooconscience* par l'échange permanent d'idées et de volontés individuelles qu'autorisent les réseaux et les mémoires du corps mémoriel, il cristallise une direction dans l'évolution culturelle de l'homme.

Alors, encore une fois, cet homme créateur dont le pouvoir apparaît désormais monstrueux a-t-il besoin que le monde soit ré-enchanté ?

Cette idée est absurde tout simplement parce que le monde n'a rien perdu de son enchantement ! Bien sûr l'effondrement du religieux conjugué avec la découverte d'un univers immensément hostile et froid nous fait perdre nos repères, nos mythes, nos croyances, nos rêves de conquêtes. Nous découvrons la finitude d'un monde dans lequel nous imaginions pouvoir puiser sans fin, nous voyons notre espace de vie se rétrécir vertigineusement par rapport à l'infini de l'univers. Mais cela ne veut pas dire que le monde se désenchante, au contraire il devient de plus en plus passionnant à vivre !

Il suffit d'observer les changements que nous avons pu vivre simplement dans notre échelle de temps. Jamais notre espace de vie n'a été si profondément bouleversé en une seule génération humaine ! Que de découvertes, que de nouveaux horizons ouverts, que de risques aussi pour l'avenir de l'humanité, ont animé le dernier siècle jusqu'à aujourd'hui. Cela s'exprime dans la croissance vertigineuse de notre corps mémoriel, une croissance qui semble même s'accélérer proportionnellement à la somme des connaissances acquises : plus on connait, plus la recherche s'accélère pour encore mieux comprendre ! Les modes de vie changent drastiquement avec l'avènement du monde des communications, la révolution du numérique nous a carrément fait faire un bond en avant dans l'interconnexion des cerveaux. Tout cela n'est-il pas passionnant ? Il y a tellement à faire dans ce monde, ne serait-ce que de s'interroger sur cette croissance effrénée de nos connaissances ! Où cela va-t-il nous mener ?

J'ai l'impression parfois que l'homme se retrouve tout nu devant les problèmes que lui posent ces bouleversements, sa conscience n'évolue pas assez rapidement, il n'a pas le temps de s'habituer. Je ressens parfois un besoin de plus de conscience et c'est peut-être là, dans ce besoin, qu'émerge la nécessité d'une *nooconscience*.

Les religions traditionnelles, figées dans leur dogmes et incapables d'apprécier ces changements, ne sont plus d'aucune utilité pour aider l'homme à s'adapter aux nouveaux modes de vie qu'imposent ces bouleversements. Les vieux rites avec leurs croyances associées sont sclérosés par leur immobilisme et leur conservatisme, ils ne conviennent plus. La société évolue trop vite, ses règles morales changent, une sorte de chaos social s'installe dans lequel la sauvagerie côtoie un conservatisme étroit. « Il est interdit d'interdire ! » disait-on en mai 1968 et effectivement une multitude de barrières sont tombées, donnant aux anciens le vertige devant un monde qui disparaît (et occasionnellement le regret de ne pas avoir connu cela à leur époque !) La jeunesse s'approprie ce nouvel espace avec passion. Tout est ouvert, tout est possible. Mais la chute guette quand on s'aperçoit que la liberté est un leurre, que tout est faux, que la société n'offre rien pour vous aider dans votre désarroi, que c'est chacun pour soi. L'effondrement de la religion laisse un vide spirituel que l'on cherche désespérément à satisfaire. La plupart élaborent des cadres de vie individuels qui les protègent, mais la tentation communautaire attire dangereusement ceux qui n'ont pas la force suffisante pour résister. Des gourous profitent de l'opportunité pour embrigader les plus faibles et ainsi fleurissent des sectes diverses avec toutes les dérives potentielles que cela implique. Des pulsions primitives peuvent aussi réapparaître faisant dangereusement régresser la sociologie de groupe vers un comportement de singe, c'est à dire un niveau de conscience qui se rapproche de celui de l'animal. Certains dont le capital culturel est rétréci peuvent se tourner vers le fondamentalisme et l'extrémisme religieux, et s'opposer ainsi à l'évolution en cours.

Ces comportements chaotiques révèlent un besoin criant de spiritualité. La pensée se libère du contrôle religieux institutionnel et cherche de nouveaux vecteurs plus porteurs, plus satisfaisants. Désormais il devient insupportable de se laisser conduire par une croyance ou des dogmes. Comment peut-on avoir une spiritualité active si on emprisonne l'esprit dans un carcan religieux ? Cela revient à dire non au monde, à l'univers, à la nature qui nous entoure et dans laquelle nous sommes partie prenante. Notre spiritualité refuse désormais de se laisser enfermer, même si la prison en question peut être enveloppée dans un gentil cocon bien ouaté ! Nous voulons être libres de conduire notre pensée, nous avons faim d'être et cette faim spirituelle est ressentie comme une ivresse, notre conscience se dilate dans l'infini de l'univers, nous cherchons désormais à nous conquérir nous-mêmes ! C'est la fin de l'éternel retour !

Cette libération de la spiritualité présente un aspect fondateur. Une spiritualité non plus canalisée par une religion mais une spiritualité qui s'ouvre au large, agrandit la conscience et la pousse en avant dans sa recherche d'être. C'est dans cette libération que se trouve la source de la *nooconscience*. Cette dernière a besoin de l'activité spirituelle d'une multitude de consciences en échange permanent pour avoir une chance d'émerger du corps mémoriel. Nous avons donc le devoir d'animer notre conscience autour d'une spiritualité toujours plus ambitieuse. C'est là vers quoi nous devons tendre : vers le toujours plus être. Pour cela il faut savoir se retrancher des contingences de la vie quotidienne, trouver ces instants de méditation qui permettent à la conscience de se développer. C'est cela le ré-enchantement du monde : savoir trouver ces minutes précieuses qui dans un élan sublime vous font effleurer la réponse que vous cherchez tant.

Bien sûr une spiritualité débridée sans barrière religieuse pour la contenir peut mener au suicide. Il faut s'en protéger par tous les moyens. L'envie de suicide représente un repli du moi sur lui-même, une fermeture de l'esprit, un rejet de l'être conscient, un crime finalement contre l'émergence de cette *nooconscience* par laquelle l'univers essaye de s'exprimer.

Mais alors comment protéger cette spiritualité ? Comment la rendre positive ? Comment en faire un vecteur d'évolution de la conscience ?

Il suffit souvent d'un rien, un petit quelque chose pour vous projeter dans la transcendance. Ce peut être une méditation par une chaude nuit d'été quand le regard perdu dans le ciel étoilé vous fait plonger dans l'infini de l'univers qui vous entoure ou simplement la relation étroite que l'on peut entretenir avec l'art quand on se perd dans les détours d'une peinture ou encore l'écoute d'une musique qui vous touche au fond du cœur. Peut-on trouver une réponse à notre questionnement dans cette magie, dans cette innocence ? Non bien sûr ! Nous sommes irrésistiblement entraînés dans une évolution que nous ne maîtrisons pas, une évolution gouvernée par le corps mémoriel duquel émerge une improbable *nooconscience* que nous sommes incapables d'identifier ni dans l'espace, ni dans le temps.

Ainsi cette expérience de transcendance ne mène à rien, ce n'est qu'un éclat de conscience qui vous laisse encore plus désemparé et peut même vous enfermer dans le religieux puisque la transcendance, par définition, c'est le religieux. Et vous enfermer dans le religieux, c'est abandonner votre liberté spirituelle. Le dogme va l'encager et lui imposer des contraintes, son évolution sera bridée.

Il faut donc chercher ailleurs. La sortie de la spiritualité du carcan de la religion ouvre de nouvelles perspectives, c'est vraiment une mutation ! Il faut voir là le signe d'une évolution en cours. Quelque chose se cherche, quelque chose de plus ouvert, plus dynamique, plus ambitieux que ce que pouvait proposer la religion traditionnelle.

En quelque sorte la spiritualité se démocratise, sa démarche devient plus individuelle. Sa source est toujours le corps mémoriel, cet héritage culturel partagé dont nous acquérons des brins en apprenant à devenir conscient, mais la religion qui en constituait l'essentiel s'est évaporée. Ainsi libérée des rites et du dogme, la spiritualité se cherche au sein de chaque conscience. On pourrait s'en inquiéter en imaginant un éparpillement de l'empathie des hommes au profit d'un narcissisme farouche, d'un enfermement sur soi, mais ce serait une erreur. Il y a dans ce chaos spirituel qui envahit l'espace humain au détriment du religieux un besoin de plus de conscience et derrière ce besoin pourrait émerger ce que nous avons appelé la *nooconscience*.

Les graffitis ou « tags », que les jeunes se plaisent à dessiner sur le moindre panneau accessible et surtout visible par le plus de monde possible, sont l'expression de ce chaos spirituel. Dans ces déchets artistiques, on peut trouver un peu de ce besoin de conscience. Les jeunes taggers sont en manque de symbolisation. En jetant leurs traces un peu partout à la face de la société, ils cherchent à exister, à être reconnus. Il ne s'agit pas ici de casser pour le plaisir, mais bien plutôt d'habiller le monde de la ville avec des signes qui révèlent un désarroi et un besoin symbolique de s'identifier dans une société dont ils se sentent rejetés. N'est-ce pas là finalement une forme d'art, même s'il reste un peu fruste ? N'est-ce pas là le reflet d'une conscience inquiète ? La forme d'expression est simpliste sans doute, mais signifiante. Ces traces grossières participent au réseau diffus de communication et de mémoire que constitue le corps mémoriel.

Quelles peuvent être les perspectives d'une spiritualité libérée des croyances ?

Il apparaît que, libérée des croyances historiques, la spiritualité se cherche dans tous les domaines possibles. Il semble même que toutes les expériences imaginables soient utilisées pour l'alimenter, que ce soit le challenge physique dans le sport, l'expérience de la drogue ou tout autre. Parfois c'est par la conquête d'une montagne ou alors par la traversée de l'océan à la rame ou encore, si l'on possède le don et la volonté, par la création d'une œuvre d'art… Il y a tant de possibilités qui peuvent nous faire accéder au vertige que procure l'infini par opposition avec la finitude du monde et de la vie.

Il est de la responsabilité de chacun de participer à cette évolution spirituelle et cela passe nécessairement par l'échange. L'être humain n'existe pas sans la relation à l'autre, c'est dans cette relation que s'activent les neurones virtuels de la *nooconscience*. Le courage d'être contribue à rendre l'univers conscient de lui-même, il convient de s'y accrocher désespérément. C'est grâce à ce courage d'être que nous enrichissons le corps mémoriel du monde et faisons évoluer l'humanité vers un *toujours plus être* que nous espérons sans savoir le formuler.

C'est cela l'essentiel ! Participer à l'évolution en cours dans le domaine qui convient à sa personnalité, apporter son brin de conscience à une *nooconscience* en émergence. Quand on dessine ces perspectives, tout devient passionnant ! C'est pour cela qu'il faut s'accrocher à la vie, pousser son être le plus loin possible dans la conscience de soi.

Demain ne sera jamais comme aujourd'hui, le temps culturel s'accélère, les connaissances s'accumulent presque trop vite, des révolutions technologiques apparaissent sans cesse. Sans doute l'homme de demain sera biologiquement identique à celui d'aujourd'hui, mais sa conscience, sa culture, sa spiritualité seront nécessairement différentes, très différentes. C'est dans cette évolution culturelle et spirituelle que se prépare le devenir de l'homme.

Oui ! Un grand mouvement nous tire dans la direction d'une conscience universelle malgré nos réticences et le poids de l'inertie accumulée des traditions au sein du corps mémoriel.

L'histoire de notre lignée est une quête continuelle de nouveautés prométhéennes contre la nature. La marque que nous avons commencé à tracer sur la Terre ne suit pas la sélection naturelle, ni le temps biologique, elle nait dans la culture vivante au sein du corps mémoriel. Dès son apparition, l'homme a cherché à maîtriser la nature pour l'adapter à ses propres besoins. La conscience n'est finalement que l'écume émergée de ce processus fondamental qui a définitivement sorti l'homme de son carcan animal.

Pourtant le chemin devant nous reste obscur. Au bout du chemin, chacun d'entre nous est assuré de trouver la mort après une vie fugace dont l'éternelle impermanence ne cesse de nous hanter et cela sans jamais avoir résolu la question transcendantale, celle qui torture sans fin notre conscience : « *Pourquoi y-t-il quelque chose plutôt que rien ?* »

Mais alors dans quel but devons-nous continuer à animer cette vie si la mort nous interdit de ne jamais connaître la suite ? Notre conscience, exaspérée parfois par l'inutilité apparente de l'existence, pourrait être tentée de l'abréger, mais ce serait rétrécir l'univers tout comme l'homme se rétrécit psychologiquement et physiquement en approchant de la mort. L'univers a besoin de nous pour exister. Sans nous, l'univers n'existe pas puisque nous sommes les seuls êtres capables de le faire sortir du néant grâce à l'action de notre curiosité insatiable et le questionnement douloureux de notre conscience. Qui d'autre serait capable de l'observer, de le décrypter dans ses fondements et finalement d'en apprécier la beauté ? C'est bien là le triomphe de la conscience humaine ! En quelque sorte, nous sommes les démiurges de l'univers !

C'est dans ce sens que nous devons réaliser notre vie : être chaque jour plus conscient de ce qui nous entoure. Cela veut dire être à l'écoute, avoir tous ses sens ouverts, creuser la connaissance le plus loin possible selon ses capacités avec en arrière-plan cette curiosité insatiable de ce que sera demain, cette volonté inépuisable d'en savoir plus. Le corps mémoriel est le creuset où se forge la *nooconscience*, il a besoin de nous pour l'animer.

Comme rétribution pour cet effort de vivre, votre conscience vous permettra parfois d'accéder au plaisir inouï du bien-être, c'est à dire à cette capacité de savoir apprécier l'infini du ciel par une nuit noire ou connaître la beauté dans une œuvre d'art ou simplement savourer un pastis à l'ombre d'un olivier par un jour d'été. Ce plaisir n'est pas un don que nous recevons d'un Dieu hypothétique, mais simplement le fruit de l'éveil de notre conscience.

Dans un moment comme cela, vous vous rendez compte que tout est possible et cela donne le vertige. Vous sentez au plus profond de vous-même que quelque chose est à l'œuvre qui dépasse la volonté de survivre et de se reproduire. Vous devenez totalement fou d'enthousiasme. L'enthousiasme rend tremblant et hors de soi, il élargit les yeux et transfigure le regard, il bouleverse jusqu'aux entrailles comme un grand vent. Oui, l'enthousiasme a une importance cruciale pour tout et n'importe quoi. Vous êtes alors dévoré du désir de vivre intensément, tout devient occasion à découvrir autre chose et vous voulez en profiter outre mesure.

LA CONSCIENCE, UNE PROPRIETE SPECIFIQUEMENT HUMAINE

> *Excepté l'homme, aucun être ne s'étonne de sa propre existence.*
> *A. Schopenhauer*

> *En admettant comme principe que l'être « achevé » est l'être « conscient », on peut donner à ce principe une forme plus pratique et plus claire, à savoir :*
> *a) qu'il vaut mieux être conscient que de ne pas être tel*
> *b) qu'il vaut mieux être plus conscient que moins conscient.*
> *Teilhard de Chardin*
> *Mon Univers*

QU'EST-CE QUE LA CONSCIENCE ?

> *Il y a dans toute conscience une sorte d'aspiration à l'absolu.*
> *Nicolas Grimaldi*
> *A la lisière du réel*

Une définition simple dira que la conscience se résume dans la perception que l'être humain a de lui-même, de sa propre existence, mais cela est bien insuffisant pour exprimer ce qu'il y a derrière ce mot. Je ne sais même pas s'il est possible d'en formaliser le processus. Il est probable que sa compréhension dépasse notre entendement tout simplement parce que nous ne pouvons pas observer cette conscience, étant soi-même conscient d'avoir une conscience. Nous ne pouvons pas dépasser cette conscience de soi, aller au-delà pour l'observer de l'extérieur tout simplement parce qu'elle est nous. Toute réflexion qui s'exécute dans notre cerveau est nécessairement produite par cette conscience, nous sommes donc désespérément dépendant des conditions de sa formation, c'est-à-dire de notre éducation, nos échanges avec la société, nos relations intellectuelles et autres. La conscience est maîtresse d'elle-même et si elle dépend de notre corps pour communiquer avec l'extérieur, elle se veut bien en deçà de cet aspect animal. Nous sommes en quelque sorte encagés dans un corps que nous subissons, notre conscience s'est programmée dans notre cerveau par de longs processus liés à l'éducation et s'exécute sans que nous puissions l'arrêter comme on arrête un programme d'ordinateur sauf à annihiler le corps animal qui l'héberge et la nourrit.

Tout au plus pouvons-nous constater dans l'expression de cette conscience un besoin insatiable de spiritualité, un besoin qui peut même parfois, à notre grand étonnement, générer des éclats fulgurants de mysticisme. Cela arrive par exemple lors d'une balade en montagne quand vos pas s'arrêtent devant un petit bouquet de gentianes perdues dans un univers de pierre. Ces gentianes sont d'un bleu si profond que le regard s'y perd et, comme éperdu de trop de pureté, le contraste avec l'austérité de l'endroit vous fait soudainement prendre conscience de votre solitude. C'est ce qu'il y a de plus merveilleux dans la montagne, ces instants d'infinie solitude. Le corps a souffert de l'effort physique, il est comme libéré des contraintes du quotidien, il vous ouvre la porte pour vous laisser entrevoir un niveau de conscience encore jamais atteint. Dans une telle expérience, la dualité quotidienne du passé et du futur me semble dépassée, il me semble être là par erreur comme si j'avais franchi un seuil interdit. Quel est mon rôle dans ce don de beauté que me fait la nature ? Que puis-je apporter ? Comment participer ? J'ai atteint les rives d'un fleuve, celui de ma conscience dont les bouleversements se trouvent enfin unis en un flux continu. Il me semble toucher quelque chose d'indicible, peut-être le fond d'une conscience universelle. En écoutant la nature vivre autour de moi, je pressens le mystère de la création ultime. Un moment intense pendant lequel le temps s'arrête. Peut-être touche-t-on là l'innocence de l'enfant dont la conscience tout juste émergente rêve d'être plus.

L'émergence de la conscience est une étape majeure dans l'évolution du genre Homo, elle ne s'explique pas de façon biologique sauf à dire que la conscience est le fruit non désiré d'un cerveau ayant atteint un seuil de complexité critique. Avec l'acquisition des premières bribes de conscience, l'homme a commencé à percevoir le passé comme le futur, il est sorti de l'immédiateté de la vie. En acquérant la sensation du temps, la question du soi s'est nécessairement posée qu'il a bien fallu satisfaire d'une façon ou d'une autre. L'animal ne connaît que l'instant présent, il ne possède pas d'histoire, il n'imagine pas un futur, sa conscience se limite aux sensations immédiates, sa mémoire ne conçoit pas le sens de la durée, il peut seulement avoir une mémoire de faits passés qui ont pu l'affecter et, grâce à cette mémoire, réagir en fonction des événements, mais cela reste sans lien avec le temps. Des ébauches de communication sociale chez les grands singes peuvent contribuer à gouverner leur société, mais la notion d'histoire reste absente. Sans histoire à raconter, sans futur à imaginer, il n'y a pas de vraie conscience et la question de l'existence ne peut pas se poser, c'est un état qu'on pourrait appeler *le bonheur animal*. En fait ce qui est réel, c'est l'attente. Seul est capable d'attendre un être qui se définit par son avenir. Attendre finalement, c'est vivre le présent comme une perpétuelle ouverture au possible. Comme dit Nicolas Grimaldi dans « A la lisière du réel » : *Il n'y a de « déjà » et de « pas encore » que pour une conscience. Si le temps est quelque chose de la vie, le temps est aussi quelque chose de la conscience.* Et encore : *L'attente nous fait comprendre que nous ne coïncidions jamais tout à fait avec le présent. Toujours l'attention que nous donnons à l'imminent avenir nous distrait de ce qui est immédiatement donné. Aussi comprend-on comme chez Proust, qu'on puisse s'émerveiller de découvrir dans un tableau une réalité que nous n'avions jamais vue quand nous l'avions sous les yeux.*

Il y a dans l'attente la notion de désir et c'est sans doute là l'expressivité créatrice spécifique de la conscience humaine. Sans désir, nous vivrions au jour le jour sans nous poser de questions, chaque jour serait pareil au précédent, ce serait indéfiniment l'éternel retour. C'est le désir né dans l'attente qui fournit à l'homme une volonté créatrice spécifique sans laquelle il serait encore au stade animal. C'est là un pouvoir sans commune mesure avec celui de l'animal le plus évolué, un pouvoir à la source d'une ambition démesurée de tout savoir, de tout connaître, de tout conquérir.

Même quand il est doté d'un cerveau relativement important, l'animal possède une conscience limitée qui ne connaît pas le concept temps, c'est une *conscience immédiate* par opposition à la conscience humaine qui se nourrit dans le temps. La conscience immédiate fait partie de l'évolution biologique, elle s'est développée avec la cérébralisation, c'est-à-dire l'apparition de centres nerveux plus ou moins centralisés selon les espèces. Cette conscience immédiate existe bien sûr chez l'homme comme chez l'animal, on peut l'appeler aussi *instinct*, mais, à la différence de la vraie conscience qui se nourrit de pensées conceptuelles, elle ne s'intéresse qu'à son environnement immédiat. C'est finalement ce qui reste dans le cerveau quand on supprime la Pensée.

Certes certaines espèces animales peuvent satisfaire à certains tests d'intelligence ou plutôt d'habileté (utilisation d'outils, compréhension et mémorisation), mais ces animaux ne connaîtrons jamais le passé ni ne pourront concevoir le futur. Des animaux sociaux peuvent acquérir une certaine conscience de l'autre, de son groupe ou de son maître ; cela suppose un langage réduit (souvent quelques sons, gestes ou regards) comme moyen d'échange social, mais rien n'indique que l'animal le plus évolué accède à la conscience du temps. Sa conscience immédiate, alimentée par les cinq sens, lui suffit pour vivre au jour le jour, elle règle sa vie sociale avec ses congénères, mais cette conscience ne lui permet pas de se voir dans un miroir. Surtout elle ne connaît ni le futur, ni le passé, elle n'a pas la notion de libre arbitre et ne possède pas le désir profond de l'aventure, de la découverte. Pour la conscience animale, les choses sont comme elles sont, l'environnement fait partie de la vie et il ne lui vient pas à l'idée de le mettre en question. Il serait absurde de parler de spiritualité dans ce contexte, l'animal peut connaître des instants de souffrance intense ou de plaisir extrême comme le chat qui ronronne sur vos genoux, mais ces instants ne s'intègrent pas dans une durée. Ne pouvant pas s'entrechoquer dans un processus conscient, ils ne peuvent pas produire ces éclats fulgurants de mysticisme comme j'ai pu en connaître devant un simple bouquet de gentianes en haute montagne.

Il y a là une barrière que seul l'homme a su franchir, il y a 40.000 ans, en acquérant la conscience du temps. Un processus qui l'a conduit à se poser ce que j'appelle la *question transcendantale* : « *Pourquoi y-t-il quelque chose plutôt que rien ?* » Une question que l'homme raisonnable affinera, en s'attachant au « *comment* » c'est à dire à l'aspect historique de l'évolution, par la formulation suivante : « *Comment l'évolution a-t-elle pu conduire l'homme jusqu'à être ce qu'il est ?* » Cette question n'a pas de réalité objective, elle se situe au cœur du mystère humain, elle est une propriété intrinsèque de la conscience et c'est dans ce sens que nous pouvons la considérer comme transcendantale.

Quel intérêt l'homme a-t-il de se poser sans cesse une telle question ? Où cela peut-il le mener ? En fait c'est peut-être là la source de ce qui fait l'homme : qui suis-je, pourquoi suis-je ici, pourquoi suis-je né, pourquoi dois-je mourir, quel est le sens de ma vie ? Ce pourrait même être le moteur d'une évolution civilisationnelle que nous pressentons tous

Mon exemple favori est le chat quand il a bien mangé. Tranquillement, sans se presser, il commence par se lécher les babines puis tout le corps. Le chat est suffisamment souple pour avoir accès à toutes les parties de son corps et la propreté semble être pour lui une nécessité naturelle, même la tête y a droit en passant la patte derrière l'oreille tout en prenant soin de la lécher auparavant. Après cette opération souvent longue, reste le problème : « où vais-je faire la sieste ? » On le voit alors hésiter, tournant la tête à droite et à gauche. Il a bien sûr plusieurs endroits connus de lui qui peuvent convenir à une bonne sieste, mais lequel choisir ? C'est à ce moment que je me demande parfois si un brin de conscience au sens où je l'entends pour l'homme ne s'empare pas de lui. Il me semble alors que le chat effleure la question transcendantale, il suffirait d'un rien pour qu'il se la pose et tout le malheur de la Terre s'abattrait sur lui ! Heureusement cela ne survient jamais et le chat s'en va sans réfléchir, la queue droite, tout seul parce qu'un chat va toujours tout seul... Ses pas l'emmèneront automatiquement vers un des coins de sieste qu'il connaît sans qu'il s'en rende compte. Il ronronnera en attendant de dormir, lové sur son coussin et dégageant une impression de quiétude qui fait sourire son maître qui seul dispose de cette capacité à apprécier la sensation de bien-être du chat et à la transcender en quelque sorte en un don offert par la nature. Ainsi la conscience immédiate du chat lui fait vivre l'instant présent mais ne lui donne pas accès à l'ontologie de cet instant, à la transcendance divine qui apparaît nécessairement derrière notre question transcendantale.

En opposition à cette conscience immédiate du chat, la conscience humaine, pour son malheur, a acquis la capacité d'appréhender le passé et de rêver le futur et conséquemment a été amenée à se poser la question transcendantale. La Pensée en quelque sorte a surgi de la matière animale. Ainsi sont nées les religions, chacune apportant sa réponse avec son histoire, ses mythes, ses croyances.

Mais ce questionnement sur soi est-il vraiment un malheur ? Evidemment nous tournons autour de cette question depuis des millénaires, cherchant des solutions dans des religions plus ou moins élaborées. Mais a contrario, cette question n'est-elle pas à la source du développement de l'espèce humaine ? Ne constitue-t-elle pas le moteur de l'homme créateur, ce besoin fondamental de comprendre, d'aller plus loin dans la connaissance ? De façon plus générale, ne pourrait-on pas voir là le moteur de l'évolution culturelle et sociale de la conscience humaine, une évolution qui s'accélère démesurément, une évolution distincte de l'évolution biologique qui procède d'un temps différent ?

LA CONSCIENCE, UN PHÉNOMÈNE ÉMERGENT

> *Having a large brain was useful to our ancestors, allowing them to plan and to forecast and to cooperate and to invent; and it just so happens that a large brain also allowed them to make art.*
> *Stephen Jay Gould*

> *L'homme, il faut le constater, est le seul à avoir franchi le seuil redoutable et sacré de la conscience de soi ; aucune autre espèce animale ne l'a franchi avant lui et ne paraît en mesure de le franchir désormais, du moins sur cette planète.*
> *Jean Onimus*
> *Teilhard de Chardin et le mystère de la terre*

Comment a pu apparaître cette fonction si particulière qui distingue définitivement l'homme de l'animal ? C'est là le grand mystère de l'homme. Encore aujourd'hui nous ne savons pas vraiment comment la conscience fonctionne dans notre cerveau, même si nous savons identifier certaines zones particulièrement actives lors d'un acte conscient. Mais un acte conscient ne résume pas la conscience, celle-ci va bien au-delà, elle s'inscrit dans un processus spirituel qui est d'un autre ordre que celui de la conscience immédiate de l'animal. Il ne s'agit pas seulement des propriétés de la perception et plus généralement de l'expérience sensible à l'environnement, la conscience telle que nous l'entendons ici constitue le moteur de la créativité humaine, elle est à l'origine de la culture.

Une approche rapide consisterait à dire que la conscience serait née du développement faramineux du cerveau. Il a suffi peut-être que ce dernier, au cours de son développement biologique, atteigne un certain niveau de complexité pour déclencher des mécanismes de boucle sous forme de relations réflexives agissant sur des informations acquises et mémorisées. Ces mécanismes seraient alors à la source de la mémorisation d'histoires et donc du concept de durée.

Mais cette approche est trop réductrice. Un cerveau, même devenu extrêmement complexe, ne suffit pas à expliquer l'émergence de la conscience et ceci d'autant plus que l'animal possédant un tel cerveau n'en a pas vraiment besoin ! A quoi donc pourrait bien lui servir une telle conscience dans sa survie de tous les jours au sein d'un milieu hostile ? Un seul cerveau ne suffit pas, il faut chercher un niveau de complexité beaucoup plus sophistiqué et c'est dans la formation de groupes humains liés par le langage qu'on peut trouver ce niveau de complexité. Les premiers brins d'une conscience individuelle auraient ainsi jailli de la complexité relationnelle établie par le langage au sein de groupes d'hommes. Ces brins ont contribué à la socialisation de l'homme et conséquemment à la réalisation des premiers éléments de culture, base de notre héritage civilisationnel.

Dans ce sens la conscience serait le résultat de la densification des relations sociales. Elle ne s'explique pas comme une entité biologique comme peut l'être la conscience immédiate de l'animal, elle apparaît plutôt comme un système purement intellectuel qui exploite et filtre les données fournies par la conscience immédiate chargée de gérer les perceptions. C'est une activité sans cesse émergente, dont l'histoire est intimement liée à l'évolution culturelle de l'homme. Emergence signifie ici le développement de structures organisationnelles complexes à partir de règles simples comme celles inhérentes aux premiers langages. Il s'agit là d'un processus tout à fait non réductible à une formalisation mathématique et donc non reproductible. Chaque conscience est différente des autres, le processus qui conduit à son émergence est imprévisible au sens où de petits événements peuvent causer de gros changements qualitatifs. En fait émergence signifie impossibilité fondamentale de tout contrôler et cela s'oppose au réductionnisme qui promet à l'humanité la maîtrise de toute chose.[2]. Le programme miraculeux qui permettrait de produire une conscience à partir d'une spécification complète ne peut pas exister.

Les archéologues datent aujourd'hui le début de l'évolution culturelle de l'homme avec l'homo habilis apparu il y a deux millions d'années. A cette époque-là cet ancêtre de l'homme a initié la notion de projet conceptuel en développant la fabrication d'outils taillés dans la pierre. Cette notion de projet conceptuel est fondamentale. Il faut l'opposer au geste du singe qui lui se contente de l'immédiateté : lorsqu'il a besoin d'un outil pour attraper des fourmis dans leur nid ou pour casser des noix, le singe se contente de chercher autour de lui la tige ou la pierre qui conviendra le mieux : il travaille dans l'immédiateté. L'homo habilis exécute quant à lui un geste créatif : il va fabriquer son outil dans un but bien défini, par exemple pour casser les os, d'autres pour être utilisés comme des couteaux, d'autres comme des armes, etc. C'est un peu la naissance de l'ingénierie avec le concept de projet ! En effet la fabrication d'un biface nécessite d'élaborer un programme de fabrication. Il faut trouver la mine de pierres adéquates, élaborer les outils permettant la taille et enfin procéder selon une méthodologie complexe afin d'arriver au biface désiré (des archéologues ont essayé et ça ne marche pas du premier coup !). N'est-ce pas là les premiers

---

[2] Voir le livre de Robert Laughlin, « Un univers différent ».

balbutiements de l'ingénierie ? Peut-être l'homo-habilis pouvait-il même avoir conscience du travail bien fait en regardant l'exécution réussie de la taille de son biface !

Par ailleurs l'homo habilis est le premier ancêtre de l'homme dont on a pu identifier qu'il possédait l'aire de Broca dans son crane dont le volume était pourtant encore bien réduit. L'aire de Broca signifie la capacité du langage articulé. Avec le langage, des premiers groupes sociaux ont pu apparaître établissant ainsi les ébauches d'une culture à la source de la conscience. Plus tard, avec l'homo sapiens, l'art pariétal constitue les premières abstractions artistiques connues, une première forme d'art qui se développera ensuite au fur et à mesure de l'urbanisation qui apparait en différents points de la Terre où des conditions propices permettent l'émergence de civilisations comme dans le croissant fertile de la Mésopotamie ou dans la vallée de l'Indus

La conscience a donc une histoire et une évolution propre, indépendamment de l'évolution biologique. Des premières ébauches sont apparues dans un cerveau un peu trop complexe il y a 2 millions d'années pour se développer ensuite avec l'enrichissement culturel des groupements humains (accès aux rites funéraires, symbolisme avec l'art pariétal dans les grottes, etc.). Avec homo-sapiens cette évolution est définitivement sortie du biologique pour devenir purement culturelle. Le cerveau du sapiens né il y a 40 000 ans est biologiquement quasi le même que celui de l'homme moderne. Ce qui a changé et fantastiquement, c'est la culture qui s'est développée grâce l'urbanisation progressive de l'homme, le développement du langage, de l'écrit, etc. « *In other words, early humans were every bit as intelligent as we are today, but they lacked the shoulders of giants on which to perch !* » (Balter, 2002).[3]

---

[3] Zygon (Journal of Religion & Science).

La conscience ne serait ainsi qu'un effet secondaire, non voulu, du développement de la culture, particularité spécifique à l'espèce humaine. Nous entendons ici par culture l'ensemble des connaissances acquises par l'homme dans tout domaine. L'art sous toutes ses formes en est bien sûr partie intégrante comme toutes les connaissances scientifiques et aujourd'hui l'informatique avec ses applications d'aide à l'intelligence, ses systèmes d'interconnexion, ses réseaux sociaux, ses mémoires éparpillées dans le cloud du web, etc.

Cela a commencé dans les grottes préhistoriques que les hommes animaient avec des peintures d'animaux, une façon sans doute de représenter le monde enchanté dans lequel ils vivaient. La nature, les animaux qu'ils côtoyaient, faisaient partie de ce monde. La grotte reste immobile, rien ne se passe à part les gouttes d'eau qui tombent de la stalactite sur la stalagmite, son temps n'est pas le nôtre, il se compte en millions d'années. Les hommes à cette époque l'avaient compris, pour eux la grotte représentait une permanence immuable et ce sens de l'éternité leur faisait croire qu'elle hébergeait les dieux qui sont à la source de tout. Cela a commencé aussi avec les premières sépultures. Rien que le geste d'enterrer ses morts, c'est se poser la question de la vie, c'est à dire la question transcendantale qui constitue la source même de la conscience.

Mais alors comment se place la conscience dans l'évolution biologique ?

L'espèce humaine est le résultat d'une évolution biologique qui a permis le développement d'un cerveau particulièrement malléable et ouvert, capable d'une intelligence lui permettant de d'optimiser un environnement adapté à son bien-être. Si l'espèce humaine a si bien réussi sur la Terre, c'est bien grâce à cette intelligence, une intelligence qui lui a permis l'invention de tout un outillage technique sans lequel il serait encore au niveau du singe. L'intelligence s'est donc développée en suivant le principe de la sélection naturelle : l'avantage qu'elle apportait a définitivement différencié l'espèce humaine par rapport aux animaux concurrents.

Dans cette hypothèse, quand est-il de la conscience, comment participe-t-elle à l'évolution de l'homme ? Quel avantage apporte-t-elle ?

En fait la conscience ne présente aucun intérêt pour l'évolution biologique, elle n'apporte aucun avantage particulier, pire elle lui serait même plutôt néfaste. Quel est l'intérêt en effet d'avoir une conscience si cela ne nous sert à rien sauf à nous torturer l'esprit et parfois nous pousser au suicide ? La conscience ne serait-elle donc qu'une simple conséquence du développement de l'intelligence, c'est à dire du pouvoir computationnel du cerveau ? Il est courant aujourd'hui de concevoir le cerveau comme un ordinateur composé de multiples unités de calcul interconnectées et d'une mémoire invraisemblablement grande, fruit d'une évolution biologique par sélection naturelle. Ce pouvoir computationnel existe chez l'animal, mais à un stade plus ou moins restreint. Il est capable de supporter la conscience immédiate nécessaire à la vie dont on a vu que, associée aux cinq sens, elle savait générer des états conscients, mais il n'a pas atteint la complexité suffisante pour permettre l'émergence d'une conscience temporelle, c'est à dire la perception du sens de la durée et par-là du questionnement qui en découle nécessairement. Cette conscience immédiate permet à l'animal de vivre sans se poser de questions difficiles comme « que vais-je faire demain ? » Elle assure la gestion des sensations reçues par les cinq sens, elle permet une mémorisation de l'expérience vécue, c'est à dire des faits qui ont pu favoriser la vie de l'animal ou inversement la mettre en danger, elle le protège ainsi dans sa vie courante en l'incitant à certaines actions tout en le préservant d'autres. On comprend donc qu'il s'agit là d'une nécessité biologique du vivant.

Chez l'homme, ce pouvoir computationnel du cerveau a acquis une puissance jamais égalée et l'intelligence qui en est résultée lui a donné un avantage certain dans le processus de sélection naturelle. Pourtant malgré sa puissance, ce pouvoir computationnel ne suffit pas pour expliquer l'émergence de la conscience humaine au-delà de la conscience immédiate de l'animal ; bien sûr c'est une condition nécessaire mais sûrement pas suffisante. Il a fallu un facteur de déclenchement extérieur qui lui permette de dépasser l'immédiateté, c'est à dire qui conduise à appréhender le concept du futur et du passé. Ce facteur, il faut le chercher dans la communication interhumaine qui a engendré ce que j'appelle le cerveau multiple en ce sens que la conscience se démultiplie sur plusieurs cerveaux partageant une même culture. C'est effectivement l'apparition du langage au sein des premiers groupements humains qui a permis de mettre en commun des réflexions, des idées, des concepts, associant ainsi des groupes de cerveaux autour d'une culture commune. Ce serait là, dans l'élaboration de ces cerveaux multiples, associés par la culture et le langage, que se situerait le point de déclenchement du processus d'émergence de la conscience humaine.

Cette émergence de la conscience en dehors de tout processus proprement biologique est caractéristique de l'espèce humaine. La potentialité extraordinaire de son cerveau pour acquérir et communiquer tout ce qui touche à la culture, au savoir, à la connaissance, est certes le résultat de l'évolution biologique, mais la conscience elle-même prend sa source au sein du foisonnement des relations interhumaines et du capital informationnel qui en résulte nécessairement. Elle représente en quelque sorte une nouvelle dimension du cerveau dont l'origine n'est pas à rechercher dans un arrangement subtil des neurones qui serait issu de l'évolution biologique. Il y a là un phénomène qui distingue définitivement l'homme de l'animal, un phénomène que les religions ont exploité en l'imaginant transcendant, attribuant ainsi à l'homme une âme. Seul l'homme possède une âme, sa conscience. Aucun autre animal n'en est pourvu !

Cet aspect computationnel du fonctionnement de la conscience peut rendre crédibles certaines élucubrations de la science-fiction. La partie animale de l'individu, c'est-à-dire les fonctions biologiques, pourrait en théorie être dissociée des mécanismes conduisant à la conscience. Dans ce sens il est possible d'imaginer de greffer un nouveau corps à un cerveau, tout comme on greffe aujourd'hui d'autres fonctions purement biologique comme un poumon, un foie ou un cœur. Ce serait en quelque sorte assurer l'éternité à un être conscient, indépendamment de sa réalité biologique. Une telle hypothèse reste bien sûr absurde : le cerveau lui-même étant purement biologique, il faudrait, pour le sortir du vieillissement naturel de ses neurones, le copier sur une machine capable d'intégrer sa complexité.

Ainsi serait apparue la conscience, conséquence extra-biologique du développement de la culture et du langage au sein de groupes humains organisés. Elle ne serait pas le résultat d'une sélection naturelle particulière, mais simplement le fruit d'un concours de circonstances. L'évolution biologique a produit un cerveau disposant d'une énorme capacité computationnelle, cette capacité a permis le développement de l'intelligence et de ce fait a constitué un facteur de sélection majeur pour l'espèce humaine par-rapport aux autres espèces concurrentes.

L'apparition du langage avec le développement d'une culture technique et picturale chez certains groupements humains représentent les premiers effets de cette intelligence, ce sont ces acquisitions de moyens de communication sophistiqués qui ont favorisé l'émergence de la conscience. Celle-ci ne serait donc pas le résultat d'une sélection biologique naturelle, elle n'apporterait aucun un avantage particulier à l'homme par rapport aux animaux qui n'ont sont pas pourvus (hors leur conscience immédiate), elle serait simplement survenue comme la conséquence de la mise en communication d'un groupe de cerveaux autour d'une culture commune. Des symboles auraient contribué à souder cette culture commune, favorisant ainsi une créativité que l'homme isolé, dépourvu de toute communication, n'aurait jamais atteinte.

Il s'agit là d'un point fondamental : la conscience n'est pas simplement née du développement faramineux du cerveau. Ce dernier a bien sûr permis aux premiers hommes de concevoir et fabriquer des outils et en particulier élaborer des outils pour en fabriquer d'autres spécialisés comme un silex découpé à bord tranchant, technique à laquelle aucun animal n'a accès. Sans doute l'outil a constitué à ce moment-là de l'histoire humaine une réponse adaptative à l'environnement et de son amélioration a résulté une coévolution entre la croissance du cerveau et la vie en société.

Mais l'outillage ne suffit pas pour justifier le passage d'une conscience immédiate à une conscience sensible à la durée ; un homme isolé, sans langage, sans éducation, ne vaut pas beaucoup mieux qu'un singe ! Il a aussi fallu l'essor des échanges au sein de groupes humains avec une mise en commun du savoir et un partage des mémoires pour voir apparaître un réel potentiel créatif. La conscience émerge de l'intrication des relations humaines par le langage oral d'abord puis l'écrit puis par tous les moyens modernes de communication.

On peut remarquer d'ailleurs que les communautés isolées géographiquement ont peu évolué, sans doute parce que l'envie de créer n'y était pas suffisamment suscitée. La mise en réseau des idées, des inventions, des croyances sont les facteurs essentiels dans le succès de l'évolution humaine et de l'émergence de la conscience. Ce sont ces réseaux d'échanges qui ont activé la machine créatrice humaine. Grâce à eux, les modes de travail, la façon de modeler l'environnement, les outils utilisés, se sont transmis d'une communauté à l'autre suscitant de nouvelles recherches pour améliorer la technique. Ce sont ces réseaux d'échanges qui finalement ont produit les premières religions, forçant les hommes à se remettre en question, à se mélanger, à adopter des nouvelles règles de vie sociale et finalement à provoquer le commencement du processus d'émergence de la conscience, processus qui continue toujours et même s'accélère.

Les réseaux d'échange ont pu prendre différentes formes, la plus directe étant la simple migration. La culture s'est ainsi propagée par rencontres et échanges d'une peuplade à l'autre. C'est sans doute ce vecteur d'échange qui a permis à la culture acheuléenne et la technique de la pierre taillée en biface de se propager de son berceau en Ethiopie jusqu'en Chine, entre 3 millions d'années et 200 000 ans.

La guerre a été un autre vecteur plus violent car il tend à étouffer la culture du peuple envahi, mais le mélange de cultures différentes a aussi pour effet de démultiplier le potentiel créatif de la société. Cela n'a pas toujours été le cas, par exemple le processus de colonisation de pays sous-développés par l'Occident impérialiste a eu un effet plutôt réducteur en imposant un savoir-faire et une moralité politique sans tenir compte de la culture locale.

Aujourd'hui on n'imagine plus la guerre comme moyen d'échange, un seuil de conscience a été atteint chez les peuples occidentaux qui fait qu'une guerre de conquête est devenue quasi impossible. Nous avons même réussi à créer l'Union Européenne, ce qui est une réalisation exemplaire après les guerres fratricides du 20ème siècle. Cette évolution de la conscience reste bien sûre inégalitaire, elle dépend essentiellement de l'accès à la connaissance. Certaines civilisations restent en retard, bridées par des croyances qui étouffent toute créativité.

Désormais d'autres formes d'échanges existent avec le développement des techniques de communication. Les médias y contribuent au premier plan, mais aussi les publications scientifiques, les livres dans tous les domaines et aujourd'hui Internet avec les réseaux sociaux et ce qu'on appelle les blogs qui permettent à tout un chacun d'exprimer quelque chose de sa vie. Le développement de ces vecteurs d'échange, de ces réseaux de communication interhumains, sont probablement à l'origine du succès de la démocratie, désormais la norme politique en Occident. Ils contribuent à dénouer les blocages qui peuvent arriver parfois lorsque la communication passe mal ou est carrément interrompue. Cela influe même dans les entreprises où l'organisation hiérarchique traditionnelle a tendance à disparaître au profit d'une organisation horizontale sans doute plus créative et qui contribue à l'égalisation des conditions de travail.

Il est quand même extraordinaire de constater que, apparue il y a seulement 40.000 ans sur une Terre où la vie a commencé il y a 3 à 4 milliards d'années avec les premières bactéries, l'espèce humaine actuelle[4] a su progressivement conquérir toute la planète. L'homme est aujourd'hui l'espèce dominante, il n'a plus aucun

---

[4] Homo sapiens, comme l'homme de Cro-Magnon.

---

concurrent. Et tout cela grâce au développement exponentiel de ces échanges interhumains, grâce à une mise en réseau de plus en plus dense. Son savoir, sa morale, ses gestes, sa créativité finalement, se sont inconsciemment construits sur la base de ces échanges. Le développement des religions et tout ce qui en découle, comme les mythes, les conventions sociales, l'écrit, la culture, l'art et bien sûr les sciences sont au cœur du réseau constitué par cette capacité de communication. C'est là, dans cet héritage culturel, que se niche le fondement de la conscience. Un héritage culturel dont il convient maintenant d'analyser le processus et en particulier d'en évaluer le pouvoir intrinsèque sur l'évolution de l'homme.

LE CORPS MÉMORIEL

> *I tend to think that although any individual's consciousness is primarily resident in one particular brain, it is also somewhat present in other brains as well, and so, when the central brain is destroyed, tiny fragments of the living individual remain —remain alive, that is.*
> *Douglas Hofstadter*
> *I am a strange loop*

A la naissance, le cerveau de l'enfant est vierge. Vierge mais déjà structuré et disponible pour l'apprentissage que son environnement va lui inculquer. Sa conscience n'existe pas encore, il ne sait pas qui il est et s'intéresse encore moins à la question transcendantale. Cela va venir petit à petit au fur et à mesure que son cerveau acquiert par ses cinq sens, comme une éponge qui aspire l'eau autour d'elle, l'héritage culturel qui est mis à sa disposition par de multiples sources comme sa famille, la société dans laquelle il évolue, l'école, les livres et autres médias. C'est là le résultat d'une évolution biologique qui, il y a 3 millions d'années, a commencé à mettre nos ancêtres debout et a petit à petit développé et structuré notre cerveau pour le rendre capable d'un tel apprentissage.

Dans ce cerveau vierge, la conscience se construit petit à petit au fur et à mesure que la mémoire s'active, enregistre et met en relation toutes les informations acquises. Le premier niveau de conscience qui apparaît dans ce cerveau neuf est la conscience immédiate, c'est à dire une conscience attentive à l'environnement direct mais qui ne possède pas encore le sens du temps. Cette première étape se retrouve chez tous les animaux évolués, comme la plupart des mammifères. On peut donc estimer que les fondements de cette conscience immédiate sont génétiquement pré-imprimés dans le cerveau, il s'agit là d'un résultat spécifique de l'évolution biologique intervenue sur quelques millions d'années. Chaque espèce transmet par ses gènes l'instinct nécessaire à l'acquisition de cette conscience immédiate, la relation de l'enfant avec sa mère et la nourriture en constituant la première étape. Ainsi l'enfant humain réagit aux sensations qu'il perçoit, il mémorise les faits vécus et adapte son comportement en fonction de son échange avec l'extérieur, mais il n'a pas encore la notion de la durée. Il ne se rappelle pas son passé et n'a encore aucune idée qu'il peut avoir un avenir.

La vraie conscience, celle du « soi », celle au sein de laquelle commence à percer la fameuse question transcendantale, se construit au fur et à mesure que le bagage culturel s'accroît. C'est le rôle de l'éducation proprement humaine qui dépasse l'apprentissage de la vie sociale et ses règles de comportement tel qu'on peut le voir chez certains animaux. Il s'agit là du fruit d'une culture emmagasinée au fil des millénaires, une culture de plus en plus riche et foisonnante dont l'enfant assimile des éléments pour les cultiver au sein de sa conscience émergente. Chaque cerveau acquiert différemment cet héritage culturel selon son environnement social, ses capacités intellectuelles, sa volonté de connaître, etc. La qualité de cette acquisition assurera la position sociale de l'individu.

Cet héritage culturel accumulé depuis des millénaires et dont l'expansion s'accélère aujourd'hui démesurément constitue ce qu'on appellera par la suite le *corps mémoriel*.[5] Il s'agit en effet d'une mémoire culturelle qui rassemble l'ensemble des connaissances et qui a été créée par les générations successives de l'espèce humaine, une mémoire maintenue vivante de multiples façons et sans cesse complétée par l'apport de chaque cerveau mis en réseau. Ce corps mémoriel constitue la source où s'abreuve la pensée, il façonne la personnalité de l'enfant et donc détermine son attitude dans la société. Il représente certainement le facteur essentiel de sélection dans l'évolution non biologique de l'espèce humaine.

Mais de quoi est-il constitué ce corps mémoriel dont je pense qu'il est l'élément fondamental, le moteur de ce j'appelle *l'évolution culturelle* de l'espèce humaine par opposition à son évolution biologique ?

Eh bien, au cœur de ce processus se trouve la mémoire des connaissances ou plutôt des mémoires multiples animées par la société humaine. Chaque personne dispose d'un acquit de cet héritage grâce son éducation, son

---

[5] Ce *corps mémoriel*, monde culturel créé par la Pensée, Pierre Teilhard de Chardin l'appelle la *noosphère*, néologisme introduit pour le différencier de la *biosphère*, où se situe le monde animal. Le développement de la *noosphère*, très lent au début (on compte en milliers d'années) et sans doute de raison géométrique aujourd'hui, implique toujours plus de conscience, une conscience de plus en plus solidaire, de plus en plus planétaire.

cerveau va le mémoriser, le faire vivre et même le compléter par ses réflexions, ses recherches, ses accomplissements dans la vie. On peut ainsi dire que la conscience individuelle est régie par cet acquit en liaison permanente avec un ou plusieurs corps mémoriels auxquels l'individu a pu avoir accès.

Le corps mémoriel se répartit ainsi sur de multiples cerveaux qui dialoguent entre eux, formant ainsi une sorte d'unité computationnelle. Tous les modes d'expression contribuent à son évolution, une évolution toujours en cours et même en accélération permanente : le langage avec les mythes et les contes qui se transmettent de génération en génération, la religion bien sûr avec ses croyances et ses dogmes, l'écrit et toute la littérature associée, l'art lui-même sous toutes ses formes, les règles de vie sociales, les valeurs morales, toutes les connaissances scientifiques, enfin tout ce qu'on apprend à l'école et que certains plus talentueux vont contribuer à développer par leur recherche. Sans ces mémoires qu'il a su créer, l'homme n'aurait pas acquis une conscience de lui-même, réduit à l'état d'un animal il ne percevrait ni le passé ni le futur, il ne connaîtrait pas l'histoire, il n'aurait aucun savoir.

La conscience ne pourrait pas exister sans le corps mémoriel et réciproquement le corps mémoriel dépend de la conscience pour se développer. La participation de chaque individu à ce corps mémoriel fait vivre la mémoire de la société et, ce faisant, en assure la cohésion. Des boucles de rétroaction s'établissent par tous les vecteurs d'échange que l'homme a inventés et invente encore aujourd'hui. Ainsi toute discussion, les on-dit, l'écrit, les médias, l'expression artistique et autres techniques contribuent à cette mémoire multiple. En fait le corps mémoriel est constitué par l'assemblage des consciences individuelles qui s'exécutent au sein de chaque cerveau et communiquent par l'intermédiaire de vecteurs sans cesse plus performants.

Il faut voir ce corps mémoriel comme un organisme vivant qui évolue sans cesse. Les différentes mémoires qui en assurent le maintien sont mises à jour par chacun de nous au fur et à mesure que la société progresse dans son savoir et ses valeurs. C'est un ensemble complexe d'informations qui se renouvelle en permanence. Il joue sur des schémas entrecroisés, il y a des schémas verticaux liés à l'organisation de la société et à son histoire, il y a par ailleurs des schémas horizontaux plus orientés sur les valeurs et les connaissances, l'ensemble s'entrecroisant dans la conscience. Enfin il est multiple en ce sens qu'il existe différents groupes sociaux pouvant faire l'objet d'un corps mémoriel spécifique. Il représente la mémoire sociétale et par là contribue à faire évoluer la morale. La religion en fait partie, on peut même dire que la religion est née dans et par le corps mémoriel.

Historiquement ces corps mémoriels se sont constitués au sein des premiers groupements humains organisés. Ils sont apparus avec l'émergence d'éléments de conscience et constituent finalement le moteur essentiel d'une évolution que l'on appellera *évolution culturelle*. Cette évolution culturelle, spécifique à l'homme, se positionne en opposition avec l'évolution biologique qui s'applique à tout vivant. Les découvertes paléontologiques montrent que l'évolution des hominidés s'est effectuée dans un foisonnement de phylums. Ces premiers hominidés avaient commencé à vivre en groupes, développant ainsi une capacité de création. Des premiers corps mémoriels se sont constitués avec les connaissances acquises dans l'ingénierie des outils de pierre, la maitrise du feu et sans doute déjà quelques concepts de transcendance. Mais ces corps mémoriels sont restés bloqués, sans doute à cause des limitations du langage à échanger des concepts. Seul le phylum de l'homo sapiens a su développer la capacité conceptuelle nécessaire pour libérer son corps mémoriel des contraintes biologique et accéder ainsi au sens, à la Pensée, comme le montre l'art pariétal des cavernes.

Au fil des millénaires, puis des siècles, puis de la dizaine d'années, des civilisations ont créé, inventé, imaginé et finalement constitué des corps mémoriels sans cesse en mouvement. De génération en génération, ces corps mémoriels se sont transmis et enrichis sous forme d'idées, d'écrits, de peintures, de valeurs spirituelles, de morale, de connaissances, de techniques, etc. La transmission de cet héritage se fait par l'éducation, la culture, la vie sociale, bref tout ce qui entre dans notre cerveau au fil de notre vie.

La multiplicité des corps mémoriels ne signifie pas un cloisonnement par domaine sauf exceptions particulières, des liaisons existent entre chacun d'eux. Un peuple qui vivrait sur une île inconnue de tout le monde, sans communication aucune, pourrait avoir un corps mémoriel indépendant, mais ce n'est plus le cas aujourd'hui. Même les peuplades les plus arriérées au fond de l'Amazonie sont connues, des explorateurs les visitent et assurent ainsi un certain niveau d'échange. On peut considérer que l'agrégation de tous ces corps mémoriels constitue un corps mémoriel global de l'humanité. On peut voir ce dernier comme une sorte de *palimpseste* avec de vieilles couches culturelles historiques, d'autres plus actuelles, d'autres plus personnalisées.

Bien sûr, aucune personne n'est plus aujourd'hui capable d'appréhender toute la connaissance humaine à elle seule. Le cerveau au cours de son apprentissage acquiert des extraits plus ou moins importants et plus ou moins significatifs de cet héritage culturel. L'environnement social et familial joue un rôle essentiel dans cette acquisition en assurant une certaine sélection des données disponibles. La personnalité de l'individu se forme sur la base de cette sélection, son caractère, sa façon de se comporter dans la société, enfin tout ce qui fait la conscience dépend de cette acquisition initiale. Au départ le cerveau du bébé est vierge et surtout vide de sens. L'enfant à sa naissance est simplement un animal, mais un animal disposant d'une potentialité extraordinaire : la capacité à acquérir les données du corps mémoriel au sein duquel il va être éduqué. Au fur et à mesure qu'il acquiert ces données, les processus à la source de la conscience commencent à s'exécuter sous forme de boucles rétroactives. Complétés par l'échange permanent qu'entretient l'enfant avec son environnement social et familial, ces processus vont faire de lui un être à part entière, c'est à dire former sa personnalité, sa façon de penser, sa spiritualité. Cette capacité d'assimilation dépend bien sûr de la qualité biologique du cerveau, mais elle est surtout conditionnée par les filtres qui sont imposés par l'environnement proche et par l'école. Nous sommes ainsi marqués irrémédiablement par les conditions d'apprentissage de notre enfance. C'est là le cœur du processus qui fabrique la conscience humaine, un processus que l'on ne voit chez l'animal, même le plus social, que de façon limitée. En fait, on pourrait dire qu'une espèce animale possède un corps mémoriel mais ce dernier est essentiellement biologique en ce sens qu'il obéit à des règles préenregistrées dans la structure du cerveau. Il n'y a pas de transmission culturelle.

Le résultat est une conscience très personnalisée, personne ne pense comme la personne d'à côté même la plus proche, chacun voit la vie à sa façon et la question transcendantale ne se pose jamais de la même manière. Cette diversité de la conscience est essentielle pour assurer l'évolution du corps mémoriel.

Ce processus d'héritage rappelle les techniques employées en informatique. Les objets culturels hérités du corps mémoriel sont instanciés dans l'espace inconscient du cerveau, leur activation dans cet espace permet leur mise en relation sous la forme de relations réflexives qui s'agrègent avec la multitude d'autres objets acquis. Ainsi la conscience de l'individu manipulera ces objets comme lui appartenant. En quelque sorte l'activité même de la conscience naît de l'instanciation partielle du corps mémoriel dans le cerveau. C'est bien sûr une instanciation partielle en ce sens qu'une sélection s'opère chez l'enfant selon des critères liés à l'environnement et aux capacités d'apprentissage du cerveau lui-même, ces dernières étant dépendantes de l'héritage biologique de l'enfant.

Cette instanciation représente la face cachée de la conscience, elle permet l'émergence d'un espace conscient, domaine du libre arbitre. Cet ensemble, fruit d'une culture accumulée au fil des siècles, se différencie de l'inconscient animal qui lui n'a pas d'histoire, pas de langage structuré, pas d'écrits pour mémoriser, pas de traditions, pas images, pas de mythes, etc. D'une certaine manière on pourrait dire qu'il n'y a pas de conscience sans histoire et que plus l'histoire est riche plus la conscience associée devient spirituellement productive. La capacité spécifiquement humaine d'innover, de créer, est intimement lié à la richesse de cet héritage.

La conscience animale vit à l'instant présent, elle n'a pas d'histoire, pas d'héritage culturel capable de lui donner ce pouvoir d'innovation, de création, qui distingue définitivement l'homme. Le chat ne se pose pas la question de l'endroit où il va faire sa sieste, il fait un choix automatique, sans savoir qu'il a le choix ! C'est la particularité de la conscience humaine de connaître le plaisir ou la souffrance du choix et c'est la conscience du choix qui suscite la question transcendantale. Un exemple imagé de cette souffrance du choix est l'âne de Buridan. Confronté à l'obligation de choisir entre son picotin d'avoine et un seau d'eau, il prend conscience de cette liberté de choisir et absurdement préfère se laisser mourir de faim et de soif plutôt que de choisir ! En acquérant la conscience du choix, ce pauvre âne découvre le futur et toute la problématique que cela entraîne. Le fait de choisir entraîne la disparition du choix et c'est cela qui est insupportable.

L'instanciation du corps mémoriel dans le cerveau serait donc la source de la conscience. Un premier niveau auquel se confronte l'enfant est sans conteste la famille. Tout un ensemble de règles, de rites, de croyances sont ainsi instanciés dans l'inconscient des différents membres, ils forment et animent un inconscient familial partagé, spécifique à chaque famille. En général c'est du non-dit, mais cela se réverbère dans les consciences et influe sur le comportement et la pensée de chacun. Cet inconscient familial reste relativement intime, on hésitera à en dévoiler les rites et les croyances, on s'amusera à raconter les histoires qui le constituent lors de réunions familiales mais rarement à l'extérieur. Selon les familles, il peut constituer une somme de mémoires souvent importante. Au-delà de la famille, un tissu social se crée autour des amis et des relations diverses comme le travail, le voisinage. Le corps mémoriel en maintient l'histoire et suscite les échanges. Des règles non écrites existent qui conditionnent les relations de chacun.

La phase la plus riche de cette instanciation est bien sûr l'éducation elle-même. L'école en est le fondement. C'est en acquérant des concepts spirituels, philosophiques, scientifiques que l'enfant sort de son animalité initiale et peut participer au bouillonnement culturel qui fait que l'homme est ce qu'il est. Des freins existent malheureusement chez certains peuples pour endiguer l'évolution culturelle de l'homme, il est encore des sectes absurdes qui interdisent aux femmes l'accès à l'école ! Mais cela c'est pour mieux les asservir : sans éducation culturelle ces pauvres êtres restent à un niveau inférieur, ils n'accéderont pas à la liberté et la souffrance du choix, leur conscience restera bridée et ceci uniquement pour protéger les mâles de la peur que leur confère le désir féminin !

Parmi le grand nombre de corps mémoriels que l'homme a pu créer dans son évolution culturelle, certains disparaissent petit à petit comme le religieux qui perd sa raison d'être n'étant plus suffisamment approvisionné en information. Les religions sont apparues parce que répondant à un besoin, elles se sont transmises et ont évolué en enrichissant au fur et à mesure leurs corps mémoriels théologiques. Aujourd'hui elles sont en fin de course, l'enrichissement de leurs corps mémoriels exige désormais de nouvelles valeurs, de nouvelles idées qu'elles sont incapables de susciter. Dans cette évaporation du religieux, le fondamentalisme représente une réaction extrême, on veut revenir aux sources, croyant ainsi ressusciter la religion dans la primauté qui fut la sienne, mais cela ne fait qu'élever un rempart autour d'elle, un rempart qui la fige encore plus. Mise hors-jeu, la religion perd ses prêtres et sa communauté, son corps mémoriel n'ayant plus de participants se dessèche. A la place naissent d'autres corps mémoriels dont on verra qu'ils peuvent être beaucoup plus forts en termes de créativité.

La communauté, lorsqu'elle existe, fait aussi l'objet d'un corps mémoriel. Il s'agit alors d'un groupe de personnes vivant ensemble et partageant des intérêts, une culture ou un idéal comme une communauté de moines ou une secte ou plus simplement une entreprise industrielle.

Au niveau d'un peuple, d'une nation, le corps mémoriel mémorise l'histoire de ce peuple et exprime ses valeurs.

C'est le cœur du peuple qui bat dans cet inconscient, c'est lui qui anime l'idée de nation laquelle se construit et évolue par l'échange incessant entre chaque conscience vivante.

A une époque ancienne, un corps mémoriel au niveau de la nation suffisait. Le monde était suffisamment grand pour que l'on se contente d'une entité géographique. Aujourd'hui la conscience a débordé au-delà des frontières. Désormais il y a un corps mémoriel mondial, du moins pour une certaine élite qui communique à ce niveau. Mais même les gens déshérités qui vivent dans leurs villages perdus dans la brousse ont d'une certaine manière accès à cet inconscient. Il suffit par exemple de constater la diffusion mondiale des bouteilles de coca-cola ! C'est le succès du modèle social occidental ! Ce succès s'explique par un héritage judéo-chrétien favorable mais aussi par cette capacité à construire un corps mémoriel fort grâce aux techniques de communication mises en œuvre.

On l'a compris, on ne peut pas comprendre la conscience sans prendre en compte l'instanciation des mémoires du corps mémoriel dans le cerveau. Une modélisation arbitraire de la conscience humaine distinguerait ainsi trois niveaux : l'inconscient animal, l'inconscient associé au corps mémoriel et, émergeant au-dessus de l'ensemble, la conscience de soi. L'inconscient animal est celui du chat qui choisit le lieu de sa sieste sans en avoir conscience, c'est aussi ce que nous avons appelé la conscience immédiate. L'inconscient associé au corps mémoriel est un magma confus acquis par apprentissage à partir de l'héritage culturel que transmet l'environnement. Ce sont les mécanismes mémoriels de cet inconscient qui activent la conscience de soi, le stade ultime, celui qui fait de l'homme un homme créateur, celui qui laissera des traces dans l'inconscient du corps mémoriel. Ces traces nourriront en retour le feu créateur au sein d'un individu, d'une famille, d'une communauté, d'une nation ou même, sur certains aspects, de l'espèce humaine entière.

Ce sont nos sentiments, nos instants de pur bonheur comme nos désespoirs, qui laissent ces traces mémorielles. Des écrits, des paroles ou simplement des sentiments qui s'échangent, tout cela entre dans le corps mémoriel. Ainsi par les traces qu'il laisse, chaque individu participe à sa façon à l'enrichissement du corps mémoriel et les modes de participation sont quasi infinis. Depuis la simple réunion au bar du coin autour d'un verre jusqu'à l'expression artistique la plus extrême sous quelque forme que ce soit, les échanges sont multiples. C'est grâce à ces échanges continuels que notre esprit se développe et apprend à créer. Nous nous croyons libres, indépendants, autonomes, mais en réalité nous sommes inconsciemment conduits, dirigés par la partie héritée dans notre cerveau du corps mémoriel, un organisme dont nous sommes par constitution incapable d'en mesurer l'action. Nos pensées, nos discours en subissent l'influence, notre morale personnelle en est une expression, notre potentiel créatif en découle. Evidemment vous pourriez rétorquer à cet argument que, si cela est vrai, la liberté tant proclamée du soi devient un leurre, mais ce serait une erreur. L'initiative créatrice que chacun apporte au corps mémoriel est essentielle, c'est par nous, en nous qu'il se développe. Dans ce sens, le corps mémoriel constitue un terreau dans lequel se développe la société humaine et celle-ci, en retour, se charge de le fertiliser.

Au fil de notre vie, notre conscience se construit et évolue en acquérant des pans entiers de ce corps mémoriel, elle les fait vivre, les digère et en retour produit de nouvelles idées. Nous sommes responsables de son existence, de sa mémoire, de son enrichissement. Sans lui nous ne sommes rien parce que notre conscience même ne pourrait pas exister, nous serions ramenés à l'état animal et sa conscience immédiate.

Par l'osmose avec cet héritage, l'enfant apprend à vivre dans son milieu social, inconsciemment il adopte tout ce qui fait la société dans laquelle il est éduqué, c'est à dire un mode de vie, des croyances, des règles de comportements sociaux ou de morale. Lorsque devenu adulte, sa conscience acquiert son autonomie, il va contribuer à l'évolution de l'héritage culturel acquis, c'est à dire du corps mémoriel avec lequel il joue. Ce dernier fonctionne ainsi comme un moteur social et l'histoire qu'il mémorise pèse lourd dans l'évolution de la société qu'il représente. Selon la liberté qu'il offre à la pensée, il peut dynamiser l'imagination, la créativité, l'innovation, mais aussi les brider et les enfermer dans un carcan de règles et de croyances. L'évolution de la société, c'est à dire son potentiel créatif, ses modes de vie comme la liberté concédée à l'individu, reste ainsi très dépendante de son corps mémoriel accumulé au fil des siècles. Certaines sociétés se sont ainsi retrouvées freinées dans leur développement, d'autres au contraire devenant des modèles universels. C'est le cas des sociétés occidentales judéo-chrétiennes qui ont su, de par leur héritage, apporter à l'individu une ouverture et une capacité d'innovation permettant délibérations, débats, échanges d'idées sans contrainte. Cet avantage leur a permis d'initier la révolution industrielle et finalement de construire un modèle économique et un idéal politique qui se sont imposés à l'ensemble des sociétés du monde. Le capitalisme basé sur une économie libérale est devenu aujourd'hui le modèle triomphant dans notre monde de même que la démocratie conjuguée avec la laïcité comme idéal politique.

TEMPS CULTUREL ET TEMPS BIOLOGIQUE

> *Le Temps est à la fois tout et rien. On ne le mesure pas, on ne le touche pas. Il est partout, mais on ne le voit jamais. Il tue et il engendre tout, mais il échappe à toute emprise. En fait, on le subit sans condition puisqu'il nous fait exister.*
> Jean Onimus
> *Déchets*

Au vu des considérations précédentes, il apparait que l'homme naît avec un double héritage : un héritage biologique transmis par les gènes et un héritage culturel acquis d'un *corps mémoriel* partagé au sein d'une société.

L'héritage biologique concerne toute la partie animale de l'homme. Fruit de l'évolution biologique, il apporte ce cerveau extraordinaire, suffisamment malléable pour acquérir le deuxième héritage, l'héritage culturel. C'est là un processus contingent que nous ne maîtrisons pas : nos gènes conditionnent notre corps physique selon la lignée de l'espèce, le hasard joue dans l'expression de ces gènes permettant ainsi de développer des caractéristiques physiques qui font que chacun de nous est différent de l'autre et qui assurent sur le très long terme l'évolution biologique de l'espèce.

L'héritage culturel, c'est le *corps mémoriel* constitué par un énorme agrégat d'informations diverses qui s'est accumulé au fil de l'histoire des sociétés. Le corps mémoriel s'acquiert par apprentissage, chacun assimilant des contenus différents selon les capacités de son cerveau, ces capacités étant déterminées par l'héritage biologique complété par un zeste de hasard. Cet apprentissage est intense pendant l'enfance mais dure néanmoins toute la vie. Tandis que les autres espèces animales sont programmées biologiquement à la naissance, les humains, eux, ne deviennent humains qu'au fil d'un long apprentissage réalisé au sein d'une société possédant un corps mémoriel.

L'évolution du corps mémoriel n'a vraisemblablement rien à voir avec la sélection naturelle. Les théories évolutionnistes nécessitent la variabilité, l'aléatoire. Ce n'est pas le cas pour le corps mémoriel qui suit d'autres lois. Il n'y a pas de réplicateurs qui peuvent se reproduire, il n'y a pas de mécanisme analogue au sexe pour assurer la variabilité. Ce serait plutôt une évolution par accumulation de mythes, de croyances, de connaissances dans une mémoire historique dont la croissance semble s'accélérer proportionnellement à son volume.

La conscience émerge de ce double processus d'héritage. On peut considérer que cette émergence se fait en deux phases : d'abord se développe la conscience immédiate directement héritée des gènes et du conditionnement extérieur auquel les sens de l'enfant sont sensibles, ensuite vient la vraie conscience de soi avec l'introduction du concept du temps. La force de cette conscience temporelle dépend de la richesse de l'héritage culturel acquis.

Cette aventure de la conscience c'est donc l'aventure de la culture, une aventure extraordinaire qui a démarré très lentement, il y a environ 10 000 ans, avec quelques communautés localisées dans des régions favorables comme le « croissant fertile » du Moyen Orient qu'on appelle aussi le « Berceau de la Civilisation[6] ».

---

6 En fait il y a trois sources de civilisation : la civilisation du blé qui a démarré dans le « Croissant fertile » en Mésopotamie, la civilisation du riz qui a pris son origine en Chine et la civilisation du maïs qui s'est développée en Amérique Centrale. Le choix entre ces civilisations et leurs histoires importe peu dans notre étude. En effet l'émergence de la conscience par apparition de corps mémoriels spécifiques à chaque

Au début il faut compter par millénaires pour distinguer des avancées significatives. L'homme est sorti des cavernes, des premiers villages se sont constitués, les outils agraires sont apparus, les premières religions ont fait leur apparition avec le culte des morts. Puis tout s'accélère et il faut alors compter en seulement quelques dizaines de siècles pour identifier des avancées importantes dans l'évolution culturelle : l'espace rural s'urbanisme, la spiritualité se développe, l'art se cherche au-delà du religieux. Aujourd'hui l'accélération de cette évolution est devenue fantastique, une génération suffit pour voir apparaître des bouleversements profonds dans la manière de vivre. L'urbanisation crée des villes tentaculaires dans lesquelles la communication sociale s'intensifie à l'extrême. Qui aurait imaginé le développement de ce moyen de communication et d'intelligence que représente Internet il y a seulement 50 ans !

Il est clair que la vitesse de cette évolution n'a rien de biologique. Dans le laps de temps qui s'est écoulé entre l'homme des cavernes et l'homme moderne, le cerveau biologique a certainement peu évolué. Un bébé des cavernes élevé dans le monde moderne pourrait probablement être élevé comme un bébé normal et arriverait à conduire une voiture ! En effet le temps biologique, celui qui a permis l'évolution depuis les bactéries jusqu'aux animaux évolués et finalement l'homme, est un temps relativement uniforme, il se déroule sur des millions d'années, les premières cellules, les procaryotes, apparaissant vraisemblablement il y a 3,6 milliards d'années. Bien sûr il y a des retours en arrière, des catastrophes géologiques qui provoquent des disparitions d'espèces comme les dinosaures au secondaire pour le plus

---

civilisation suit le même processus. Il est seulement intéressant de constater que, grâce aux échanges culturels entre les sociétés, un corps mémoriel global intègre petit à petit ces trois corps mémoriels.

grand bien d'autres espèces comme les mammifères qui en profiteront, mais les mécanismes de l'évolution biologique des espèces par mutations génétiques contingentes et la sélection naturelle obéissent à un temps relativement uniforme dont l'échelle est le million d'années.

Par opposition à ce temps biologique, il y a un temps culturel, spécifique à l'homme, dont l'origine remonte seulement à 10 000 ans et qui est lui en accélération permanente. Ce temps culturel démarre très lentement au fur et à mesure que les hommes se rassemblent groupes organisés de plus en plus importants et accumulent du savoir dans leurs corps mémoriels. La chute des grands empires comme l'empire romain face aux barbares peut provoquer également des retours en arrière, néanmoins le temps culturel semble s'accélérer avec la croissance de l'héritage culturel de la société, c'est à dire son corps mémoriel. En d'autres termes, plus le corps mémoriel est riche, plus la vitesse de l'évolution culturelle croit. Nous sommes donc en présence d'une évolution qui ne suit pas les mêmes lois que l'évolution biologique.

En effet si l'évolution biologique suit un temps propre et obéit à la loi darwinienne de la sélection naturelle, il serait illusoire d'appliquer le même processus à l'évolution culturelle. Il suffit de considérer les temps relatifs de ces deux types d'évolution pour se rendre compte à quel point il ne s'agit pas de la même chose : le temps que suit l'évolution culturelle n'est pas celui de l'évolution biologique. Le temps biologique se déroule de façon relativement constante et se mesure en millions d'années alors que le temps culturel à son origine se compte en milliers d'années pour vite passer au siècle et enfin aujourd'hui à la dizaine d'années ! On constate ainsi une accélération prodigieuse du temps propre à l'évolution culturelle par-rapport au temps biologique. Il semble donc hasardeux d'imaginer que la théorie de Darwin puisse s'appliquer à l'évolution culturelle et il ne semble pas pertinent d'assimiler ce qu'on appelle des mèmes culturels à des gènes biologiques. L'idée de Dawkins d'appliquer à l'évolution culturelle les mécanismes de réplication et de variabilité ne s'accorde pas avec l'accélération de la vitesse de cette évolution et en particulier avec la notion de hasard. Il y a nécessairement d'autres facteurs, d'autres forces en jeu pour expliquer un tel phénomène.

La conséquence bien sûr, c'est que le hasard, quoiqu'on en pense, n'intervient pas, du moins pas complètement, dans l'évolution culturelle par opposition à l'évolution biologique. Cela signifie que derrière le temps propre à l'évolution culturelle se trouve nécessairement un moteur, une force dont nous n'avons pas conscience. Cette force serait animée par les multiples consciences humaines qui se fédèrent dans le corps mémoriel de la société qui le produit, elle façonnerait une évolution culturelle qui s'accélère de plus en plus. Sans le vouloir, la culture humaine aurait ainsi généré une force toujours grandissante qui nous emporte vers un futur dont il est impossible de seulement imaginer l'horizon.

Il est probable que la conscience humaine et la spiritualité qui en découle évoluent dans ce temps culturel. Les facteurs qui interviennent dans ce processus sont liés à la diversité des échanges interhumains et à la richesse du corps mémoriel sous-jacent à ces échanges. Le potentiel créatif de chaque conscience individuelle serait ainsi dépendant à la fois des échanges possibles dans la société concernée ainsi que du corps mémoriel de cette société, c'est à dire de son histoire et de ses connaissances accumulées. En effet un corps mémoriel contient les strates culturelles historiques créées au fil de son évolution, mais également des sous-ensembles relatifs à chaque niveau où s'opèrent les échanges, c'est à dire au niveau du monde entier puis du pays, de la société, de la famille, des amis, etc. L'analogie avec un *palimpseste* s'accorde bien ici quand des couches innombrables d'idées, de sentiments, se sont successivement accumulées, sans qu'aucune n'ait vraiment disparu. C'est l'incommensurable mémoire d'une histoire avec laquelle chacun joue comme au piano des notes qui produisent des éclats de conscience. Le chant produit constitue ce qu'on peut appeler la vie spirituelle qui nous accompagne jusqu'à la mort.

POUVOIR DU CORPS MEMORIEL

> *Si l'existence d'un corps mémoriel partagé nous différencie effectivement de l'animal, il est pertinent de s'interroger maintenant sur le processus qui gouverne son évolution et par extension le pouvoir de la conscience elle-même.*

On l'a vu, le corps mémoriel, né de la culture, constitue le cœur de tout le processus qui mène à la conscience. La nécessité de son instanciation partielle dans le cerveau sous la forme d'un héritage culturel signifie qu'une conscience individuelle isolée dans un espace vide, sans relations culturelles, ne peut pas exister. Pour faire émerger la conscience, le cerveau doit acquérir de l'information du corps mémoriel et réciproquement c'est par l'instanciation de cette information dans de multiples cerveaux que se construit le corps mémoriel. L'espace vital du corps mémoriel est donc constitué par un réseau complexe de communication au sein duquel de multiples canaux formels ou informels permettent de mettre en relation des myriades de cerveaux entre eux.

Le corps mémoriel constitue donc une énorme bibliothèque dans laquelle chaque enfant puise au cours de son éducation. Différentes mémoires permettent d'assurer le stockage et le partage de l'information : il y a d'abord les mémoires orales grâce auxquelles chaque génération enseigne la suivante, ensuite bien sûr l'écrit où on trouve l'essentiel du savoir humain et que l'invention de l'impression a révolutionné ; l'image, la peinture et la musique constituent aussi des mémoires du corps mémoriel, etc. A ces mémoires s'ajoutent désormais la mémoire des réseaux numériques, invention extraordinaire qui apporte une potentialité fantastique. Dans ces mémoires, le cerveau absorbe de l'information et généralement la retourne avec une valeur ajoutée produite par sa réflexion consciente. Le corps mémoriel assure ainsi l'héritage des acquis culturels auprès des nouvelles générations et réciproquement se nourrit des inventions, des idées produites par la génération en cours. En fait le corps mémoriel d'une société est en renouvellement permanent, il reflète l'évolution des valeurs morales, de la spiritualité, de l'art ainsi que des connaissances scientifiques.

Mais ce corps mémoriel n'a pas à priori les propriétés d'une conscience, il ne fait pas de choix, il ne pose pas de question, il ne crée pas. C'est une mémoire multiple, un inconscient propre à une société que chaque individu contribue à animer par sa créativité. Chacun participe par l'instanciation partielle du corps mémoriel au sein de sa propre conscience, cette dernière acquiert ainsi des informations, active son potentiel créatif et régurgite des signaux qui enrichiront en retour le corps mémoriel.

Pour représenter le corps mémoriel dans le cerveau, on peut imaginer deux espaces virtuellement distincts bien que dans la réalité tout cela se mélange de façon encore difficile à concevoir : un espace conscient et un espace inconscient. L'espace conscient est celui où une certaine forme de libre arbitre s'exerce, celui que la question transcendantale tourmente. L'espace inconscient est celui où s'instancie le corps mémoriel, il est largement dominant et contrôle sans que l'on s'en rende compte l'espace conscient.

Pour assurer son fonctionnement, le corps mémoriel s'appuie sur un réseau complexe qui se développe grâce à l'apport de chaque conscience individuelle. Il s'alimente dans la société par ses échanges, ses communications, ses relations sociales et nourrit chaque conscience individuelle avec des valeurs, une morale, une culture. Ainsi l'homme, comme dans une fourmilière, servirait de récepteur sensoriel pour un corps mémoriel immergé dans la multitude des cerveaux connectés, transparent, invisible ; ce corps mémoriel étant en quelque sorte chargé du contrôle global.

L'exemple de la fourmilière est significatif : Une fourmilière consiste en un agencement d'individus différents, chacun étant spécialisé sur une tâche. L'ensemble, depuis la reine jusqu'aux ouvrières en passant par les soldats, les nettoyeuses, les nourrices, etc. constitue une sorte d'être vivant ordonné. Dans ce sens, on peut dire qu'il existe au cœur de la fourmilière un corps mémoriel chargé d'éduquer chaque fourmi à sa tâche et de coordonner l'ensemble. Seulement le corps mémoriel des fourmis n'a rien à voir avec celui de la civilisation humaine, il est strictement biologique, c'est à dire inscrit à priori dans les gènes de chaque fourmi par opposition à l'origine computationnel du corps mémoriel humain.

Il apparait ainsi que le corps mémoriel est un simple outil destiné à alimenter une énorme machine insidieuse dont les mémoires multiples dictent de façon inconsciente notre façon d'agir, notre morale, notre spiritualité finalement. Dans ce sens, l'espace conscient ne serait qu'une émergence surgie de la complexité de l'espace inconscient, lui-même étant alimenté par les données du corps mémoriel. On pourrait dire que l'homme est gouverné par les parties du corps mémoriel qu'il a su assimiler et continue à assimiler, la conscience se construisant sur la base de cet énorme amas mémoriel acquis au fil des désirs et des sensations. Dans cette hypothèse, le libre arbitre ne serait qu'une illusion !

Mais alors que devient la notion de conscience telle que nous l'avons envisagée ? N'est-elle qu'une chimère ? Je ne le pense pas, du moins en partie. La conscience ne peut pas exister sans la possibilité du choix et donc du sentiment de libre arbitre, c'est là la définition même de la conscience temporelle, celle qui mène à la question transcendantale « *Pourquoi y a-t-il quelque chose plutôt que rien ?* » et c'est ce qui la distingue définitivement de la conscience immédiate que peut avoir l'animal le plus évolué.

Finalement on peut concevoir la conscience temporelle comme l'outil nécessaire pour nous aider à habiter la Terre au lieu simplement d'y loger tout comme un animal.

Bien sûr le corps mémoriel n'a pas le même pouvoir sur les différentes facettes de l'humanité. Comment cela se pourrait-il quand on compte bientôt sept milliards d'hommes ! Chaque civilisation, chaque pays dispose d'un corps mémoriel historique, ainsi la culture d'un Chinois comme sa façon de penser ne peut pas être assimilée à la culture judéo-chrétienne de l'Occident. Par ailleurs l'évolution de la conscience, c'est à dire de la spiritualité, est freinée par les résurgences des religions traditionnelles qui s'expriment dans des fanatismes réducteurs. Les laissés pour compte, ceux qui décrochent de l'évolution en cours, ceux que l'économie mondialisée broie impitoyablement, se révoltent contre ce processus de mondialisation et tous les moyens sont bons le contrecarrer. Ceux-là se retrouvent avec un bagage culturel trop étroit par-rapport au possible offert par le corps mémoriel auquel ils ont accès, ce qui bride leur conscience et la ferme à l'évolution. Par opposition les privilégiés, capables d'acquérir les connaissances nécessaires grâce à un environnement plus favorable, participent, contribuent et échangent avec le corps mémoriel une information beaucoup plus riche, ce qui leur donne un potentiel créatif sans commune mesure.

Mais ces freins rétrogrades de l'obscurantisme n'empêcheront pas l'humanité d'avancer vers plus de conscience. L'histoire montre qu'il y a toujours eu des retours en arrière dans l'évolution de la conscience humaine et de sa culture ; la chute de Rome en est un exemple majeur, tout comme les deux guerres mondiales du 20ème siècle. Mais toujours l'homme a survécu et progressé, ces régressions historiques sont entrées dans le corps mémoriel faisant ainsi évoluer la façon de les comprendre et apportant une nouvelle vision à la conscience.

Peut-on accéder à l'instanciation partielle du corps mémoriel dans son cerveau, c'est à dire à l'espace inconscient ? On présume que la conscience peut accéder à des états de l'inconscient lors d'expériences qui brisent des barrières. Une balade en montagne ou un joint de cannabis ou un rêve mystique ou une expérience de mort imminente peut permettre une telle transgression. Dans un tel cas, on peut voir apparaître des sensations étranges, inconnues et dont la source ne peut se situer que dans l'instanciation du corps mémoriel dans le cerveau, c'est à dire l'inconscient. Ce sont des images ou des rêves qui surgissent sans que l'on sache d'où puisqu'on les a inconsciemment puisés dans le corps mémoriel qui a façonné notre enfance. Parfois cela peut entraîner un accès de mysticisme, on peut avoir alors l'impression qu'un divin quelconque façonne ces images. Dans un accès de fièvre vous pouvez même atteindre un état de jouissance métaphysique, un désir de pureté immense vous saisit et vous emporte vers ce que vous pensez être ce Dieu qui fait tout.

Tout cela n'est qu'illusion. Ces éclats de jouissance spirituelle que vous pouvez obtenir dans un tel état ne sont que le résultat de l'ouverture d'une petite lucarne sur cet inconscient mystérieux, un inconscient normalement protégé par des barrières établies par le corps mémoriel lui-même. Rien n'est libre là-dedans, nous sommes complètement conditionnés par des siècles de culture, des siècles qui représentent la richesse humaine. Introduire des concepts religieux pour expliquer ces phénomènes ne peut servir qu'à fournir une réponse fallacieuse et ainsi calmer l'inquiétude causée par la question transcendantale. Une telle réponse pouvait être suffisante à une époque ancienne, mais aujourd'hui notre corps mémoriel a suffisamment évolué ou plutôt s'est suffisamment enrichi pour que nous ayons besoin d'autre chose. L'explication divine ne résout rien sauf à s'illusionner dans un petit confort spirituel ; les prières et les chants ne conduisent à rien sauf à soulever quelque barrière conduisant à apercevoir des brins cachés de l'inconscient acquis. Pire, en conditionnant l'esprit la religion étouffe la curiosité naturelle de l'homme, elle bride sa créativité. Le dogme considère que tout est immuable puisque inscrit dans les textes canoniques, le changement est insupportable et doit être banni. Bien sûr la religion évolue sous la pression des faits, mais son apport créatif est aujourd'hui nul, voire négatif.

Ayant perdu le confort de la religion qui réglait son cadre de vie, l'homme se retrouve moralement seul. Il lui faut apprendre à nager dans ce marasme spirituel qui succède à l'effondrement du religieux. Notre époque est ainsi dominée par une grave crise de solitude, tout concourt à cela : la perte des croyances et l'abandon des rites, l'éclatement de la cellule familiale avec la recomposition des familles suite aux divorces ou même tout simplement l'absence de mariage avec des enfants élevés par un seul parent. C'est une société éclatée, éparpillée qu'il faut aujourd'hui affronter.

VERS UNE *NOOCONSCIENCE*

> *Le Progrès est une Force et la plus dangereuse des forces. Il est la Conscience de tout ce qu'il est et de tout ce qu'il se peut. Dût-on exciter toutes les indignations et heurter tous les préjugés, il faut le dire, parce c'est la vérité : être plus, c'est d'abord savoir plus.*
> *Pierre Teilhard de Chardin*
> *L'Avenir de l'homme*

> *L'important n'est pas dans la mise en place d'un cerveau planétaire mais dans la conscience collective qu'un tel cerveau devrait produire.*
> *Jean Onimus*
> *Teilhard de Chardin et le mystère de la terre*

Nous avons vu que la conscience n'a pas de réalité biologique, elle s'acquiert par l'éducation et la vie sociale. Un enfant qui grandirait sans communication avec le monde humain n'acquerrait pas de conscience, il resterait au stade animal avec une conscience immédiate privée du concept de durée. Pour construire une conscience temporelle, l'enfant doit baigner dans la société humaine, il doit en quelque sorte être mis en réseau, c'est à dire être connecté par tous ses sens au système d'échange que constitue la société humaine avec son gestuel, son langage, ses écrits, ses images, enfin tout ce qui constitue ce que j'appelle le *corps mémoriel*. En établissant les branchements adéquats sur ce système, l'enfant établit des relations qui deviennent petit à petit réflexives en ce sens que par leur intermédiaire l'enfant réagit au savoir qu'il acquiert et peut ainsi nourrir en retour le système que constitue le corps mémoriel.

A la base de ce corps mémoriel on trouve des mémoires diverses, chaque cerveau individuel y contribue avec sa mémoire propre, mais l'homme a diversifié cette mémorisation grâce aux découvertes technologiques. Depuis l'écrit sur papyrus jusqu'à la mémoire électronique sur une large diversité de supports, la capacité de mémorisation du corps mémoriel a augmenté de façon fantastique.

Mais le corps mémoriel n'est pas qu'une mémoire, d'une certaine manière on pourrait le considérer comme un organisme vivant réparti sur l'ensemble des cerveaux dont il a contribué à faire émerger la conscience. Les réseaux d'interconnexion, qui sont une caractéristique propre de la civilisation humaine, sont au cœur de ce corps mémoriel. Ils sont constitués par tout ce qui permet à l'homme de communiquer, depuis la parole, l'écrit, l'image et jusqu'aux toutes dernières inventions technologiques comme l'information numérique. Mais le non-dit joue aussi un rôle essentiel, simplement un regard ou la sensation de l'autre assure une communication qui se répercute sur la représentation locale du corps mémoriel et finalement sur l'inconscient individuel.

Si vous essayez de vous représenter la masse d'information que gère le corps mémoriel à travers ses mémoires et ses réseaux d'interconnexion, vous vous rendez vite compte à quel point vous êtes petit, un rien du tout, un simple rouage minuscule. Il fut un temps où un homme pouvait se permettre de maîtriser toute la connaissance scientifique et philosophique. Aujourd'hui plus personne n'en est capable. La connaissance humaine dépasse désormais largement les capacités d'un cerveau unique et ce n'est que par la coopération de multiples cerveaux sur un domaine bien circonscrit qu'il est possible de l'appréhender et continuer ainsi à faire progresser la connaissance. Dans cette perspective, on comprend mieux le pouvoir acquis par ces réseaux d'interconnexion sans lesquels l'évolution de la connaissance serait tout simplement figée, emmurée. Désormais la connaissance humaine se spécialise par domaine et même à l'intérieur d'un domaine, cela ne suffit pas puisque dans une même spécialité il faut l'effort combiné de multiples cerveaux qui travaillent ensemble pour progresser.

C'est grâce à cette capacité proprement humaine de savoir gérer l'information, c'est à dire de créer, de classer, de mémoriser, d'échanger, que l'homme est devenu l'espèce dominante sur Terre. Cette capacité n'est pas native, elle ne s'est pas développée non plus d'un coup de baguette magique, il a fallu des millénaires pour voir ces réseaux se mettre en place et commencer à constituer leurs mémoires. Cette progression, imperceptible aux premiers temps de l'humanité, s'est brusquement accélérée avec les développements technologiques du dernier siècle. C'est là un fait majeur parce qu'il libère l'évolution de l'homme du temps biologique dont dépendent normalement toutes les espèces animales. Il n'est plus besoin d'attendre que des mutations propices apparaissent dans l'architecture biologique du cerveau pour améliorer ses possibilités cognitives, le cerveau lui-même n'est plus un facteur critique dans l'évolution des connaissances. D'ailleurs l'homme maîtrisera sans doute prochainement la possibilité de provoquer ces mutations, se libérant ainsi encore plus du temps biologique. Un nouveau phénomène apparaît : le pouvoir computationnel de millions de cerveaux connectés en réseau. Ce pouvoir démultiplie les possibilités du simple cerveau isolé et ouvre des perspectives fantastiques. Se dessine là une révolution relationnelle déjà bien engagée.

En effet c'est à cause de ce développement extraordinaire de ce que j'appelle par défaut le *corps mémoriel* que l'on peut imaginer être au seuil d'une révolution majeure dans l'évolution de la conscience. Ce corps mémoriel représente notre héritage culturel accumulé sous forme de strates successives d'histoires vécues au fil des années et des siècles. Au fil de son histoire, il devient le palimpseste complexe que nous avons déjà évoqué, constitué de mémoires, d'histoires, d'idées, de savoir, de morales, d'arts, le tout supporté par des masses d'écrits, d'images, de traditions orales et surtout par un enchevêtrement de réseaux de communication. En alimentant sans cesse ce complexe informationnel, en se nourrissant auprès de lui, en triant, en organisant, en inventant des moteurs de recherche performants, l'homme contribue à réduire l'incertitude inhérente à cette véritable mer d'information, ce qui est heureux sinon il s'y noierait.

Un facteur entropique se dégage de cette mémorisation. Une telle masse d'information disparate dans tous les domaines, que ce soit scientifique, littéraire, artistique, aurait pu avoir l'effet inverse et accroître le chaos, mais la spécialisation par domaine et l'invention des moteurs de recherche sur Internet ont permis au contraire de maîtriser ce flot d'information. C'est dans ce sens que la mémorisation sans cesse croissante, supportée par des moteurs d'analyse et de traitement de plus en plus performants, peut contribuer à réduire l'entropie informationnelle du monde. Il y a derrière ces outils fabuleux un potentiel difficile à imaginer par les acteurs que nous sommes. Seul un futur de plus en plus proche permettra de constater son devenir.

Cette réduction d'entropie informationnelle par cristallisation de l'information se réalise déjà dans le cerveau biologique. Né vierge de toute information, l'enfant aspire comme un buvard tout ce qui passe à sa portée et si le cerveau ne procédait pas à un tri, écartant l'information non pertinente ou rassemblant des informations similaires, l'enfant se noierait vite dans cette marée de données. C'est sur la base de ce processus qu'émerge finalement la conscience. Grâce aux outils aujourd'hui disponibles sur le Web, le même processus pourrait s'appliquer à l'énorme complexe informationnel que constitue désormais le corps mémoriel devenu en quelque sorte l'ossature de la civilisation.

A la différence du cerveau individuel, le corps mémoriel s'appuie sur la collaboration, voulue ou non, de tous les cerveaux actifs. Sa construction a débuté avec l'apparition des premiers éléments de culture comme l'art pariétal il y a 40 000 ans ; aujourd'hui il continue de croître à une vitesse sans doute proportionnelle à sa taille, ce qui laisse imaginer une puissance, une force dont il est difficile d'estimer l'ampleur mais dont on peut être sûr qu'elle va grossir phénoménalement.

Par analogie avec cette émergence de la conscience dans le cerveau de l'enfant, ce corps mémoriel en croissance quasi exponentielle pourrait atteindre un niveau de complexité suffisant pour être lui-même un cerveau virtuel. Créé, manipulé, activé par le cerveau humain, il devrait en refléter la structure et disposer des mêmes propriétés. N'oublions pas que le corps mémoriel n'existe que par la participation de millions de cerveaux interconnectés sur des réseaux de plus en plus performants.

En utilisant des techniques appliquées en informatique, nous avons pu assimiler la fraction de l'héritage culturel et civilisationnel acquise par le cerveau à une instanciation partielle. En s'exécutant, cette instanciation travaille sur les données acquises dans des boucles réflexives, faisant ainsi jaillir la pensée consciente.

Si l'on applique ce processus au cerveau virtuel du corps mémoriel, lui-même constitué par le pouvoir computationnel de millions de cerveaux connectés, on peut imaginer l'apparition d'une pensée consciente virtuelle. Une telle pensée se formerait grâce à l'apport de chacun des cerveaux participants, son existence étant dépendante du réseau d'interconnexion. De ce fait, la conscience qui pourrait émerger dans ce cerveau virtuel reste hors de portée de la pensée individuelle, chaque cerveau restant une simple unité computationnelle au sein du cerveau virtuel. Plus précisément, étant simplement une partie d'un tout, nous ne pouvons pas concevoir ce tout.

En quelque sorte on pourrait voir chaque cerveau participant comme un neurone de ce cerveau virtuel[7]. Chaque individu exécuterait ainsi le fragment instancié du corps mémoriel reçu en héritage, l'interconnexion de l'ensemble assurant une activité neuronale spécifique, propriété intrinsèque du corps mémoriel. Cette activité pourrait alors être génératrice d'une pensée réflexive, créatrice et critique, c'est à dire le fondement d'une activité consciente au sein même du corps mémoriel.

Il s'agirait donc d'une « *nooconscience »[8]*, c'est à dire d'une conscience qui se situerait au-delà de notre monde conscient, une conscience dont l'exécution serait répartie sur une multitude de cerveaux qui partagent un même corps

---

[7] Teilhard de Chardin parle des éléments constitutifs du « cerveau planétaire » ou « cerveau noosphérique », organe de la réflexion collective humaine (in « La place de l'homme dans la nature »).

[8] Le néologisme *noosconscience* est forgé à partir du concept de « noûs » introduit à l'époque de la Grèce antique, en particulier par Anaxagore et qui équivaut à l'intelligence organisatrice et directrice du monde.

mémoriel sans que chacun puisse s'en rendre compte, une conscience qui pourrait se manifester de différentes manières en agissant sur l'inconscient existant derrière toute conscience humaine.

Bien sûr il y a probablement un seuil de déclenchement pour provoquer l'apparition de cette activité consciente. Plusieurs conditions doivent être nécessaires pour atteindre ce seuil critique mais il est certain qu'une première condition porte sur la capacité neuronale du corps mémoriel. Toujours par analogie, cette capacité devrait avoir un degré suffisamment intense d'interconnexion, c'est à dire un taux d'échange entre chaque instanciation individuelle analogue avec celui du cerveau biologique. La révolution numérique que nous vivons actuellement pourrait nous approcher de ce seuil critique et être ainsi à l'origine de l'émergence au sein du corps mémoriel de cette *nooconscience*.

Dans cette perspective, chaque conscience humaine étant vue comme un neurone virtuel du corps mémoriel, tout prend sens : la complexité des neurones biologiques du cerveau humain donne naissance à la conscience individuelle et cette conscience constitue en elle-même un neurone virtuel dans le réseau relationnel constitué par le corps mémoriel. La *nooconscience* émergerait de l'accroissement fantastique du réseau d'interconnexion et des mémoires du corps mémoriel. Les deux niveaux de conscience sont bien évidemment intimement liés, la *nooconscience* devenant en quelque sorte une extension de la conscience individuelle avec la particularité essentielle de ne pas être limitée par la puissance computationnelle d'un cerveau biologique, mais seulement par la capacité du réseau d'interconnexion.

Ce serait là un phénomène majeur dans l'évolution spirituelle de l'humanité : l'émergence d'une *nooconscience* dont le développement ne dépend pas de contraintes biologiques puisque les réseaux d'interconnexions du corps mémoriel sont artificiellement créés par l'homme. La *nooconscience* pourrait ainsi être vue comme une nécessité pour dépasser les limites du cerveau biologique sans attendre le résultat hypothétique d'une évolution biologique normale. Quelle satisfaction pour la conscience humaine qui cherche à être toujours plus dans un temps toujours plus court, mais qui se sent limitée par la puissance du cerveau qui l'héberge ! En effet si la *nooconscience* , tout comme la conscience, sont toutes deux issues de l'évolution culturelle, il n'en demeure pas moins que le développement de la conscience individuelle reste limité par les capacités du cerveau biologique unique qui l'abrite. La *nooconscience* de son côté s'appuierait sur la coopération de millions de cerveaux dont le pouvoir computationnel est assuré par un réseau d'interconnexion artificiellement créé par le génie humain. Sa puissance potentielle serait alors seulement limitée par le degré d'intégration de ce réseau et ses capacités de mémorisation, c'est-à-dire le corps mémoriel. Or nous avons vu que ce dernier pourrait croitre à une vitesse proportionnelle à sa taille, ce qui est fantastique !

Le corps mémoriel avec toutes ses mémoires, ses histoires, ses règles, peut être assimilé à un inconscient passif. Si une *nooconscience* se dégage de cet inconscient passif, alors elle possède nécessairement une expressivité créatrice. Cela sous-entendrait-il une force séparée et généralement dominante par rapport à la conscience individuelle, une force capable d'influencer l'humanité dans son ensemble ? Une telle hypothèse ouvre des perspectives vertigineuses, une direction se dessinerait, un but se profilerait vers lequel nous porterait cette force.

On a vu que la conscience n'a pas de réalité biologique, elle s'acquiert à partir de la culture qui constitue le cœur du corps mémoriel. Cette capacité d'acquérir une conscience distingue définitivement le cerveau humain de l'animal, sa principale caractéristique étant d'être capable de mémoriser et de manipuler le passé comme le futur c'est à dire d'acquérir la notion du temps. L'idée avancée ici est que la même chose pourrait se produire sur le corps mémoriel considéré comme un cerveau global. Il faut en effet prendre la mesure du développement des échanges humains au niveau de la planète : jamais l'homme n'a autant voyagé, jamais il n'a autant communiqué, jamais il n'a autant regardé, parlé ou écrit. Tout cela contribue à accroître le réseau neuronal du corps mémoriel, mais c'est surtout les techniques modernes offertes par Internet qui ont permis un fabuleux développement de ce réseau, que ce soit sous forme d'écrit, d'oral ou d'images. Ce réseau neuronal avait été imaginé par Teilhard de Chardin avant même qu'il apparaisse comme le système nerveux de la noosphère : *une grande quantité d'informations accessible à l'humanité tout entière et qui peut être partagée à double sens par tous.* Nous serions ainsi entrés dans une *phase de planétisation* par la mise en œuvre *d'un réseau, toujours plus serré autour de nous, de liaisons économiques et psychiques dont nous souffrons, cette nécessité croissante d'agir, de produire, de penser solidairement, qui nous inquiète.*[9]

Avec cette mémorisation de multiples couches historiques, nous avons là tous les facteurs nécessaires pour voir surgir de ce palimpseste une vraie conscience autonome qui s'appuierait et agirait transversalement sur nos consciences individuelles. Une telle *nooconscience*

---

[9] Teilhard de Chardin, Vie et planètes, Etudes, mai 1946

émergerait en dehors de tout contrôle humain, ce serait la conséquence non voulue du développement du corps mémoriel, tout comme la conscience est une conséquence non voulue de la socialisation de l'homme.

L'émergence possible de cette *nooconscience* rejoint l'hypothèse de la nécessité de la conscience pour que le l'univers soit. Que serait l'univers sans un être vivant capable de conscience ? Il ne serait rien puisque personne ne serait là pour l'observer ! Notre univers habitable est peut-être le fruit du hasard parmi des milliards d'autres univers moins bien paramétrés, il se distingue cependant par la conscience dont il a permis l'émergence.

L'univers serait ainsi devenu réalité grâce à l'arrivée de l'homme. Il a commencé à se former il y a quelque treize milliards d'années par un Big Bang aux conséquences imprévisibles. Un Big Bang qui n'en serait d'ailleurs pas un : au vu des derniers développements cosmologiques, il ferait simplement partie d'un phénomène d'inflation éternelle, lui-même générateur d'une infinité d'univers. Au sein de cette infinité d'univers en création permanente serait apparu le nôtre, un univers très particulier parce que paramétré avec des conditions initiales tout juste calibrées pour permettre l'émergence de la vie. On appelle cela le facteur anthropique. Mais dans cet univers bien particulier, il a encore fallu trouver une petite planète perdue dans l'immensité de la Voie Lactée, elle-même perdue dans un amas de galaxies, pour voir le vivant apparaître.

Pourtant toute cette agitation ne suffit visiblement pas ! Il a bien fallu l'émergence de la conscience humaine pour que cet univers commence à avoir une existence réelle. Avant l'arrivée de l'homme, personne n'était capable de l'observer, du moins sur notre planète. La conscience, dont on se demandait précédemment quel intérêt elle pouvait avoir pour l'homme, prend alors une dimension nouvelle, elle devient un élément essentiel dans la création de l'univers. Cette hypothèse s'accorde avec l'idée d'une force agissante dont l'origine serait la conscience elle-même.

Une façon de conclure est de dire que l'émergence d'une *nooconscience* constitue une nécessité. L'évolution culturelle de l'homme a conduit à la pensée consciente, c'est une première phase mais l'objectif est plus ambitieux : l'univers a besoin de plus pour exister et ce plus ne peut être fourni que par une *nooconscience* qui démultiplierait la puissance créative de la conscience humaine en la sortant de l'horizon limité de l'individu et dont on pourrait imaginer qu'elle s'intègrera un jour dans un réseau d'échange avec des planètes disposant également de *nooconscience*.

Bien sûr aujourd'hui la conscience n'existe que sur Terre et nous pouvons seulement supputer son existence sur d'autres planètes dispersées dans l'univers. Mais il suffit d'imaginer un flux nerveux qui mettrait en communication notre *nooconscience* terrestre avec une multitude possible d'autres consciences planétaires pour donner à l'univers une conscience unique. Bien sûr nos connaissances actuelles interdisent une telle communication, les planètes hors du système solaire restent inaccessibles en l'état actuel de la technique. Il faut donc pour l'instant nous contenter d'une possible *nooconscience* terrienne.

QUEL POURRAIT ETRE LE ROLE D'UNE NOOCONSCIENCE ?

> *Si nous parvenons à mettre la réflexion holistique au service d'une nouvelle éthique mondiale, capable de comprendre les nombreuses relations qui constituent les forces de soutien à la vie sur la planète et d'œuvrer à les harmoniser, nous aurions franchi le seuil d'une économie mondiale proche d'une conscience biosphérique.*
> *Jeremy Rifkin*
> *Une nouvelle conscience pour un monde en crise*

Rappelons d'abord que l'inconscient sous-jacent alimenté par le corps mémoriel est un ensemble historique, multiforme, complexe, une sorte de palimpseste. Des éléments de la *nooconscience* envisagée peuvent apparaître à différents niveaux, le premier niveau étant le groupe organisé autour d'une histoire comme celle d'une famille. D'autres niveaux existent comme une communauté unie par une religion ou comme une nation avec ses régions, ses villes et même jusqu'au plus petit village. Une *nooconscience* au niveau d'un pays sera plus ou moins forte et certainement marquée par la religion historique pratiquée. Par-dessus ce magma culturel complexe de mémoire, d'histoire, de croyances, s'imposerait petit à petit l'émergence d'une *nooconscience* planétaire que l'on pourrait assimiler à un modèle culturel.

Le modèle culturel occidental représente certainement un acteur majeur dans cette émergence. On sait comment il a su s'imposer au niveau mondial par ses innovations à la fois techniques et politiques et en particulier grâce au réseau d'interconnexion qui en constitue le cœur. L'impérialisme de l'Occident est dénoncé par les civilisations à la traîne, des forces contradictoires le secouent, des courants religieux cherchent à le combattre en se polarisant sur les fondements de leur idéologie, des sentiments nationaux se réveillent ici et là, mais le modèle dominant reste néanmoins définitivement marqué par l'emprise de la culture occidentale. Le succès de la démocratie comme mode de gouvernance a mis en œuvre les conditions d'un développement industriel basé sur le capitalisme et le libéralisme créant ainsi un modèle qui pousse petit à petit les religions ancestrales hors de l'actualité agissante. C'est lui qui met la science au premier plan dans tous les domaines et qui favorise le développement d'un système financier tentaculaire, c'est grâce à lui que les règles de vie sociales évoluent comme la désacralisation du mariage et la normalisation des comportements homosexuels. De nouvelles sensibilités apparaissent aujourd'hui comme l'écologie, mais aussi un renouveau de la morale elle-même. Bien sûr, ce ne sont que des exemples pour montrer combien nous sommes vraisemblablement asservis par cette *nooconscience* planétaire. Il faut bien se rendre compte que dans ce contexte notre libre arbitre est relativement illusoire, mais le système est suffisamment intelligent pour faire en sorte nous ayons toujours l'impression que c'est nous qui prenons les décisions !

Ainsi, sans que nous nous en rendions compte, une *nooconscience* guiderait nos actions. Par exemple personne n'aurait imaginé il y a quelques dizaines d'années ce qu'est devenue aujourd'hui la finance mondiale. Celle-ci s'est développée en dehors de toute maîtrise de notre part, chaque acteur semblant intervenir sans autre objectif que son propre intérêt. Aujourd'hui si des ingénieurs dûment formés aux mathématiques se passionnent pour la finance plutôt que ce à quoi ils sont formés, c'est que le système les y incite contre tout bon sens ! La conséquence est que la finance mondiale s'emballe furieusement sans que personne n'ose en prendre le contrôle ! Peut-être y a-t-il derrière ces débordements des intérêts propres à une *nooconscience,* des intérêts qui agissent sur l'inconscient et dont nous ne pouvons pas imaginer l'évolution future. L'individu seul reste impuissant pour modifier le cours des choses, seule la *nooconscience* est capable de faire émerger dans l'inconscient de nouvelles façons d'appréhender la finance et faire ainsi évoluer les règles.

De la même manière, la *nooconscience* peut être considérée comme un moteur essentiel de l'évolution de la démocratie. Il y a un siècle on pouvait briser les grèves en faisant appel à l'armée, aujourd'hui un tel concept apparaît inenvisageable tout simplement parce que la morale sociétale a évolué avec le modèle culturel. Et que dire de ces « mouvements de foule » déclenchés par une simple information surgie à l'improviste et répandue sur des milliers de téléphones portables ! C'est là assurément un moyen exemplaire dont dispose désormais la démocratie pour contrôler ses dirigeants : un simple manquement à cette morale sociétale, par exemple une utilisation abusive de l'argent public, peut provoquer une avalanche de messages incendiaires sur les réseaux sociaux et entrainer la chute du dirigeant incriminé ! La *nooconscience* tiendrait ainsi un rôle essentiel dans l'animation de la démocratie : grâce à son réseau relationnel elle impliquerait la société dans son ensemble, ce qui est le propre d'une bonne démocratie. Et surtout elle ferait évoluer cette morale sociétale en fonction des opinions majoritaires.

A ce stade de la réflexion, la question se pose de savoir si l'émergence possible de cette *nooconscience* signifie que le corps mémoriel devient un être artificiel capable d'avoir une conscience propre, c'est à dire une perception de sa propre existence ? Dans ce cas, cela voudrait dire que nous sommes manipulés par une puissance dont nous n'avons pas conscience.

Certains diront qu'envisager une telle hypothèse, c'est aller trop loin dans la science-fiction ! Cependant nous ne sommes pas vraiment capables de réfuter cette affirmation. Tout comme la conscience individuelle a émergé dans le cerveau humain sans que l'on en comprenne vraiment le processus, la *nooconscience* planétaire émergerait d'un système complexe constitué par un magma culturel d'histoires et de connaissances que l'histoire des hommes a petit à petit construit au fil des siècles. L'ennui est que nous ne pourrons jamais en connaître la réalité. Si vraiment une telle conscience existe, elle n'est pas atteignable par ses composants, c'est à dire nous-même. Ce système n'existe que par les êtres conscients qui y participent ; comme c'est finalement dans nos cerveaux qu'il s'exécute, il ne peut donc pas exister indépendamment de nous et par conséquent il reste inobservable.

Cependant l'hypothèse même de cette *nooconscience* insaisissable ouvre des perspectives vertigineuses. Elle constitue le cœur du potentiel créateur de l'humanité prise dans son ensemble. Elle dispose de tout ce que l'homme produit comme créations scientifiques ou artistiques, elle a accès à une bibliothèque d'information incommensurable, elle anime des réseaux d'échange toujours plus denses, elle contribue par son action de mémorisation et d'organisation de l'information à réduire l'entropie du monde en opposition à l'entropie énergétique, toujours croissante, provoquée par l'homme. Elle est finalement la source qui permet l'homme créateur ! Grâce à elle, nous pouvons dépasser cette finitude obsédante de la vie.

Nous savons désormais que notre petite planète possède des ressources minérales et organiques finies et que si le développement induit par l'homme continue au même rythme ou pire va en s'accroissant puisque que c'est la base de l'économie moderne, ces ressources se tariront inéluctablement. Dans une telle hypothèse, l'humanité pourrait ne pas y survivre. Mais si ces ressources dont nous avons besoin changent de forme, si des solutions alternatives sont trouvées, alors des barrières s'effacent, des contraintes peuvent disparaître. Cela toucherait les ressources de base comme l'énergie et l'alimentation, mais aussi des ressources plus virtuelles comme notre mode de vie, notre organisation économique, nos connaissances sur l'univers, notre moralité même. Ainsi des chemins qui menaient à des impasses bifurqueraient vers de nouvelles perspectives.

Naturellement tout ceci est imprévisible, mais ce n'est peut-être pas simplement le jeu du hasard. Ces chemins nouveaux ne peuvent pas être le résultat des mécanismes qui régissent l'évolution biologique du vivant ou du moins ne le sont que partiellement. Au-delà de la sélection naturelle complètement aveugle à toute perspective, il est possible que la *nooconscience* que nous subodorons joue un rôle essentiel, un rôle moteur dans cette évolution. La recherche créative que l'homme mène depuis son origine pour adapter l'environnement à ses besoins implique une volonté consciente. Bien sûr nous ne pouvons pas le savoir et le hasard semblera toujours guider la recherche scientifique au fil des découvertes et des connaissances acquises, mais si une *nooconscience* s'exprime dans ce processus, cela veut dire qu'elle participe à l'acte même de la création que celle-ci soit scientifique, technique, artistique, religieuse ou tout autre. L'homme créateur prend ainsi sens, il est conduit par une *nooconscience* qui s'élabore au fil même de ses créations !

Les perspectives ouvertes par cette approche sont immenses. Ce n'est plus le hasard qui conditionne le futur de l'humanité. L'homme, en dépassant l'évolution biologique, a façonné une forme d'évolution autrement plus intelligente : l'évolution culturelle ! L'espèce humaine a sans doute émergé par hasard, résultat de mutations aléatoires dans un milieu indifférent à tout, suivant en cela les lois de l'évolution biologique tout comme ont évolué tous les animaux, mais son pouvoir créateur l'a vite différencié. Sorti de cette ornière obscure du vivant sans conscience, il a accumulé un corps mémoriel qui lui donne cette capacité d'influer sur l'évolution du vivant et plus encore sur lui-même.

Ainsi nous ne sommes plus seuls perdus dans un monde indifférent. Cette *nooconscience,* que nous faisons émerger et que nous continuons à animer dans chacun de nos gestes, donne une direction, un but. L'évolution qu'elle façonne nous fait exister plus et plus nous existons, plus l'univers prend sens

Il est évident qu'il ne faut rien espérer après la mort. C'est après tout un phénomène normal chez un mammifère et même biologiquement nécessaire pour assurer le renouvellement génétique. Mais l'homme se distingue de l'animalité du mammifère par son énergie spirituelle, une énergie créative qui s'exprime dans son besoin de comprendre, de dépasser l'immédiateté. C'est cette énergie que l'on va retrouver sous forme de brins de spiritualité dans la *nooconscience* dont nous postulons l'émergence au sein du corps mémoriel, chaque brin de spiritualité correspondant à un neurone virtuel créé artificiellement par l'apport d'une conscience individuelle. Ces brins de conscience, ces traces spirituelles que nous laissons dans les mémoires du corps mémoriel, continueront à nous faire exister après la mort biologique.

Tout est ainsi lié, l'homme créateur n'existe qu'au sein de cette mémoire constituée de savoir, de traditions, d'histoires. Sans le développement fantastique de cette mémoire, l'humanité serait encore dans les limbes de la civilisation, elle serait à l'état préhistorique d'il y a 40.000 ans. Si par un coup de baguette magique ou quelque catastrophe planétaire, nous perdions tout cet acquis, c'est à dire tout ce qui aujourd'hui nous fait vivre, comme les livres, la musique, la peinture, les réseaux d'échange avec ses mémoires, les machineries diverses, l'homme se retrouverait nu, comme un animal face à la nature. La vie continuerait sans doute mais la reconstruction de notre capital de savoir et de mémoire nécessaire à l'émergence d'un nouveau pouvoir créateur prendrait longtemps et certainement suivrait d'autres directions. Les religions reviendraient en force avec leurs croyances, mais ce seraient de nouvelles religions adaptées aux circonstances, l'humanité entrerait dans un tunnel sombre dont elle serait longue à ressortir.

Nous posons donc que la *nooconscience* émerge par nécessité. Elle est une conséquence nécessaire du développement de notre héritage culturel, ce corps mémoriel accumulé depuis des millénaires et surtout de l'accroissement vertigineux des réseaux d'échange, mais elle reste inaccessible à notre observation. Dans ce processus, nous ne sommes que les neurones virtuels de cette *nooconscience*, nous sommes donc totalement incapables de l'appréhender dans son entièreté. Nous ne pouvons que supputer les conséquences possibles de son existence.

C'est dans cette hypothèse qu'il importe d'analyser le devenir de la foi, cette foi traditionnellement religieuse, expression ultime de la conscience, capable de fournir à l'homme une « force capable de déplacer les montagnes ». D'une certaine manière mes actions sont suscitées, orientées, gouvernées par cette force vitale qui se nourrit au sein de ma conscience. La foi a longtemps été au cœur de toute religion. L'évolution culturelle du corps mémoriel avec la possibilité de l'émergence d'une *nooconscience* entraîne nécessairement une nouvelle façon de concevoir cette foi. Il y a peut-être là une mutation majeure de la spiritualité humaine.

L'EVAPORATION DES RELIGIONS

> *Si vous aviez de la foi comme un grain de sénevé, vous diriez à cette montagne : Transporte-toi d'ici là, et elle se transporterait ; rien ne vous serait impossible.*
> *Matthieu 17.20*

La religion est historiquement au cœur du phénomène humain. Elle répond traditionnellement à un appel de spiritualité de la conscience et toutes les sociétés humaines, toutes les civilisations, ont développé au cours de leur histoire des formes de religion dans le but de satisfaire ce besoin. Etant par définition culturelle, chaque religion a généré son corps mémoriel propre. Aujourd'hui ce corps mémoriel religieux tend à se perdre dans la confusion créée par l'apport sans cesse croissant des connaissances. L'homme moderne ne s'en satisfait plus et le fait religieux s'enfonce dans les couches profondes du palimpseste où la conscience n'a plus goût de s'aventurer. C'est cette évaporation du fait religieux qu'il convient maintenant d'analyser afin d'identifier des vecteurs d'évolution et esquisser une vision spirituelle conforme avec l'évolution de la conscience moderne.

QUEL EST LE VRAI SENS DE LA FOI ?

> *La foi commence là où finit la raison.*
> *Kierkegaard*
> *Crainte et tremblement*

Tout est dans cette remarque de Kierkegaard. La foi se niche dans l'absurde comme celle qui pousse Abraham à sacrifier son fils Isaac sous le prétexte que Dieu le lui aurait ordonné. C'est toute l'aberration du discours religieux. Obéissant à ce message, Abraham, que Søren Kierkegaard qualifie volontiers de *chevalier de la foi*[10], emmène son fils pour être sacrifié sur le Mont Moriah. Pourtant Dieu lui avait promis une descendance nombreuse et Isaac est son seul fils ! Abraham s'exécute malgré tout, exprimant par là toute l'absurdité de sa foi et si au dernier moment la légende arrête le couteau pour remplacer Isaac par un agneau, l'horreur du geste n'en demeure pas moins indélébile.

La foi n'a que faire de la raison, elle ne peut exister que dans l'extrême, là où la pensée se libère des contingences de la vie. La foi par définition est absurde parce qu'elle ne s'appuie sur aucune vérité tangible. Certaines religions ont bien essayé d'introduire le concept de miracle pour appuyer l'idée de la foi sur des faits réels et cela a pu marcher à l'époque où la science n'avait pas l'emprise qu'elle possède aujourd'hui. Désormais l'idée même de miracle est devenue risible et n'apporte plus rien à la démarche de la foi. Il est clair que cette approche pour donner du concret à la foi est devenue totalement insuffisante ! Il faut donc sortir la foi de la religion pour la faire exister autrement, pleinement.

Mais que signifie « avoir la foi ?

Traditionnellement « Avoir la foi » a toujours signifié « se donner à une croyance, à un Dieu ». La foi est souvent vue comme un don spirituel de Dieu à l'homme. Par opposition à l'animal, Dieu a conféré à l'homme la spiritualité qui convient pour vivre sa foi. Aussi ce don d'avoir la foi a toujours été lié à la religion. C'est grâce aux

---

[10] Crainte et tremblement

dogmes que l'on révère avec ferveur et aux rites que l'on applique consciencieusement que cette foi s'anime dans notre conscience. La foi devient alors un être vivant au sein de notre âme[11], les dogmes sont là pour l'encadrer, l'accompagner, la ressourcer autant que possible sous peine de la voir se dissoudre dans le quotidien banal. C'est le principal objectif de toute religion de chercher à contrôler la foi, mais cette foi n'a que faire d'une religion ou d'une autre, elle existe en tant que telle. Si elle se donne à une religion spécifique, ce ne peut être que par goût subjectif. Telle religion peut présenter plus d'attraits qu'une autre du point de vue spirituel ou alors plus prosaïquement, pour un être encore fruste, elle permet de se démarquer dans la société et d'appartenir ainsi à une communauté fermée, repliée sur elle-même, comme cela est le cas pour les mouvements extrémistes ultrareligieux.

La foi peut atteindre une profondeur indicible, elle tient alors du miracle et peut procurer aux heureux élus une jouissance spirituelle qui s'inscrit dans la durée, dans l'histoire, une jouissance sans commune mesure avec la jouissance sexuelle immédiate et sans lendemain du corps animal. Une telle jouissance ne peut se concevoir que dans un espace artificiellement créé et divinisé par les mythes religieux, une sorte de monde virtuel que la conscience construit autour d'elle, pour elle, pour son usage privé. Les mythes, les croyances religieuses, sont alors des outils essentiels pour esquisser cette vision personnalisée du monde. A l'intérieur de cette vision, la conscience peut

---

11 Le terme « âme » a ici une connotation religieuse. Généralement l'âme est considérée comme une entité à part qui existerait indépendamment et en opposition à la partie animale de l'homme. Son synonyme, la conscience de soi, s'intègre dans les mécanismes neurologiques permettant la conception du temps. Nous en avons exposé l'origine par un processus d'émergence basée sur l'enrichissement fantastique d'un corps mémoriel.

---

s'épanouir et trouver la nourriture nécessaire au développement spirituel recherché, l'étape ultime.

« Avoir la foi » constitue donc un remède contre le désespoir d'être. Depuis l'émergence de la conscience, déjà dans la grotte du paléolithique supérieur, l'homme a eu besoin de confier son destin au surnaturel, ce fut l'art pariétal. Le développement fantastique des connaissances n'a rien changé : le monde que nous observons s'est démesurément agrandi, notre espace vital est devenu un grain de poussière au sein d'un univers qui se démultiplie à l'infini et dont nous ne comprenons toujours pas les raisons de son existence, cependant le questionnement persiste et même s'exacerbe, nécessitant toujours plus de trouver un ancrage pour se raccrocher à la vie.

« Avoir la foi » peut conduire au don de soi, au dévouement altruiste auprès des autres. C'est là un vecteur extrêmement positif, l'âme se libère dans une sorte de sacrifice pour atteindre une transcendance toujours rêvée. Mais cela peut aussi conduire à un monde virtuel, un enfermement dans lequel la question transcendantale ne se pose plus, une façon finalement d'étouffer la curiosité inhérente à toute conscience et par là d'inhiber tout désir de création.

Peut-être est-ce là le vrai sens du divin, peut-être est-ce dans ces sentiments proprement humains que s'exprime le mieux le besoin de religion. L'amour en tant que désir mutuel de l'un vers l'autre est bien sûr fondamentalement lié à l'attirance sexuelle purement animale qui en est la source. Mais il y a l'autre face de l'amour et celle-ci est purement spirituelle et donc propre à l'homme. Quand la fusion spirituelle accompagne la fusion sexuelle, animale, du couple, alors ce qu'on appelle amour atteint une plénitude merveilleuse qui pourrait s'assimiler à une transcendance divine : la partie animale joue le rôle d'excitant, de catalyseur, au chant véritable de l'amour, c'est à dire sa partie spirituelle. Bien sûr il est rare d'arriver à une telle plénitude, ce ne sont en général que des éclats de jouissance qui jaillissent comme un feu d'artifice et que l'on gardera en mémoire jusqu'à la mort comme des diamants que l'on voudrait désespérément renouveler. Il y a quelque chose de miraculeux dans la puissance de ces éclats de jouissance spirituels, quelque chose de tellement fort qu'on n'aurait jamais imaginé être capable de les produire. De là vient peut-être ce besoin de foi dans une transcendance qui ne peut se décrire, seulement se penser comme un don de soi. La plénitude que peut atteindre parfois l'amour ne peut s'expliquer dans la réalité courante des choses ou des idées. Mais la foi qu'on pressent derrière cette plénitude ne peut être limitée à un besoin, elle est beaucoup plus qu'un besoin, elle est l'expression d'une force créatrice qui vient du cœur même de la conscience. Par l'acte d'amour, l'homme se donne entier à son rêve de transcendance.

La foi nécessite-t-elle d'être encadrée par une religion ?

La religion est certainement née de ce besoin de foi, mais notre bagage culturel est aujourd'hui sans commune mesure avec ce qu'il était quand la religion dominait toute la pensée, ce qui n'est plus le cas. La richesse du corps mémoriel des sociétés évoluées croit de façon proportionnelle à au capital de connaissances emmagasiné, le moteur de cette croissance est le besoin effréné de savoir. C'est à travers ce besoin que s'exprime la question transcendantale. Une religion millénaire, figée sur ses dogmes et incapable de s'adapter à l'évolution culturelle que nous connaissons, ne suffit plus à répondre à ce besoin de savoir. Il est temps de sortir de ces dogmes archaïques pour redécouvrir ce que doit être la foi : une foi créatrice, mieux adaptée à nos connaissances scientifiques et philosophiques. Cette foi, elle se trouve nécessairement au fond de notre conscience, elle en constitue le moteur, la pulsion spirituelle : c'est dans l'évolution de la conscience qu'il faut la rechercher.

Curieusement on peut dire que le dogme a été créé à l'origine pour assurer la liberté spirituelle et non l'inverse. De la même manière qu'une théorie mathématique se développe sur la base d'axiomes, une religion a besoin de dogmes pour développer sa théologie. Comme en mathématique où changer les axiomes mène vers une nouvelle théorie, on peut changer les dogmes et on obtient une nouvelle théologie. Le problème est qu'un mathématicien dispose d'une certaine liberté pour changer ses axiomes et ainsi découvrir de nouvelles mathématiques (par exemple la géométrie non euclidienne). Du point de vue de la religion, l'inertie au changement est sans commune mesure. Tout est fait pour empêcher l'évolution du dogme, les rites en représentent l'outil le plus efficace. Les dogmes fondamentaux de la religion catholique ont été élaborés dans les siècles qui ont suivi Jésus par les Pères de l'Eglise, il y a eu à ce moment-là une fermentation spirituelle très forte qui a alimenté divers conciles pour arriver ne serait-ce qu'au dogme de la Trinité. Il est intéressant d'ailleurs de remarquer que l'islam n'a pas suivi ce processus, le Coran a été introduit une fois pour toute comme étant la parole incréée de Dieu, pas de discussion, pas de théologie, il ne restait plus qu'à faire parler les armes pour conquérir le monde !

Aujourd'hui les dogmes chrétiens établis il y a 2000 ans n'ont pas su vraiment s'adapter à l'enrichissement culturel, ils ne conviennent plus pour supporter les besoins de la spiritualité simplement parce que celle-ci a immensément évolué, une évolution qui s'accélère vertigineusement. Et je ne crois pas que les derniers conciles aient fait progresser le problème de façon notable. C'est finalement à ce blocage que nous nous heurtons. De toute façon, il y a là un problème de société : les jeunes ont perdu la connaissance du fait religieux, le catéchisme enseigné par de braves dames a tout fait pour les en éloigner ! Quelques-uns se marient encore à l'église mais c'est plus pour le décorum que pour le symbole, tout comme le baptême. D'ailleurs les églises sont désertées, parfois vendues à l'encan. Il ne reste plus que de beaux monuments et une très riche histoire. La sociologue Danièle Hervieu-Léger appelle ce déclin une « *exculturation* du christianisme » (Le Monde des Religions, hors-série n°23).

Mais avoir la foi n'est-il pas un besoin vital de l'homme ?

Derrière cette évaporation du fait religieux il y a une ouverture spirituelle qu'il nous faut approfondir pour imaginer ce que pourrait être une foi vivante capable de faire vivre le monde de demain.

« *If spirituality is supposed to be leaving this world behind, if spirituality means climbing up Jacob's ladder to the heavenly realm of Plato's ideas, that's not for me. Spirituality in the past has often meant just that, withdrawing from this world and ascending by degrees to a heavenly vision. But if spirituality means being more open to the world and its riches, then I am interested. Being open to the world and its riches is a way of enlarging ourselves, of breaking through the narrow walls of the ego* » (Jerome A. Stone, Zygon, september 2012).

Pour certains il s'agit là d'une sorte de lutte, un combat permanent pour faire vivre cette foi tout en maintenant le questionnement qui en est la source. La foi cristallise alors un engagement auquel l'individu va consacrer toute son énergie, tous ses efforts, cherchant ainsi à le pousser à l'extrême, au point de rupture. Pour d'autres, la foi permet d'élever des barrières contre tout ce qui peut menacer l'existence. Elle sécurise et rend inutile, sans objet réel, tout questionnement. La vie devient alors une longue route toute droite qu'il suffit de suivre sans trop y penser.

Pourrait-on dire alors que le besoin de foi n'est qu'un instinct de conservation inhérent à tout animal ? Dans ce cas, ce ne serait qu'une pulsion biologique enregistrée dans nos gènes que la conscience transformerait en le sublimant dans la spiritualité ! Mais une telle hypothèse est en contradiction avec le concept même de foi qui la fait naître dans l'absurde. En fait la foi est une propriété spécifique de l'homme et spécifiquement de sa conscience. Un animal n'a pas besoin d'un tel niveau de spiritualité pour vivre, seule l'immédiateté compte pour lui, il ne connaît pas le passé, il n'a pas besoin d'un futur. Pour l'homme, la foi représente une volonté d'avenir, un besoin de se projeter dans ce futur que sa conscience questionne sans cesse. Sans foi, la vie n'a plus aucun sens, c'est le vide et la mort spirituelle, une vie réduite à son animalité. Dans ce sens, la foi est une conséquence nécessaire de l'émergence de la conscience, elle est profondément humaine, spécifiquement humaine.

La foi n'a pas besoin d'un objet auquel on croit et on se soumet, comme Dieu dans la religion catholique. La foi c'est d'abord produire ce à quoi on croit, c'est en quelque sorte une auto-fondation et non pas une croyance fondé sur un au-delà divin. Avoir la foi, c'est croire en soi, avoir confiance en soi, démarche nécessaire pour libérer sa créativité. D'ailleurs Jésus lui-même disait bien que l'homme devait se transformer afin de réaliser le royaume de Dieu ici-bas !

Avoir la foi doit permettre d'amener les êtres humains à réaliser ce qu'il y a de plus humain en eux, à un tel degré que l'ère du "sur-homme" puisse approfondir encore plus l'existence consciente et intelligente en direction de modes collectifs d'être dont nous ne pouvons encore avoir aucune idée.

LA DOMINATION DES RELIGIONS

> *Au commencement était l'étonnement...[12]*
> *Aristote*

> *A la limite, il n'y a rien de vraiment profane, c'est nous qui créons le profane en le considérant comme tel. Au contraire, si nous étions vraiment sensibles au Divin, nous pourrions entrer tout de suite en métamorphose, comme la chenille devient papillon.*
> *Jean Onimus*
> *Evolution du Divin*

Notre désir de transcendance est au cœur de l'aspiration religieuse. Le désir vif d'être libéré de la mort, des souffrances et des limitations de la vie est le combustible des religions et du mysticisme.

A la source de toute religion, il y a un questionnement conscient. Il n'y a pas de religion sans conscience et c'est pourquoi la religion reste un phénomène spécifique à l'homme. Jamais un chat ira jusqu'à chercher à transcender le plaisir de sa sieste si ce n'est pas un ronronnement de

---

[12] A l'origine comme aujourd'hui c'est l'étonnement qui conduisit les hommes à la philosophie. Parmi les phénomènes qu'ils ne pouvaient pas comprendre, leur attention frappée de surprise s'arrêta d'abord à ceux qui étaient le plus à leur portée (...) C'est ainsi qu'ils s'occupèrent des phases de la lune, des mouvements du soleil et des astres, et même de la formation de l'univers. (Aristote, La métaphysique, Livre I)

jouissance qui ne peut s'inscrire dans le temps et qui finalement se réduit à un simple réflexe animal. Avec l'émergence de sa conscience, l'homme a dépassé cet état du bonheur animal, ce qui a tout de suite introduit un conflit tragique entre l'animalité et l'esprit. Ce conflit a incité l'homme à transcender la nature autour de lui comme un moyen pour l'apprivoiser. Pour ce faire il a inventé les dieux, des rites se sont établis, des mythes ont surgi : l'histoire des origines a commencé à s'écrire, apportant des raisons de vivre. La religion était née.

Cette domination de la religion a commencé dans une grotte il y a quelques dizaines de milliers d'années. Dans une grotte, rien ne bouge, tout reste pareil, immuable. La grotte ne connaît pas les saisons, elle ne sent pas les changements de température, elle ignore que le soleil fait le jour et la lune la nuit. Alors, tapis en son fond, les hommes qui en faisaient leur demeure, imaginaient un dieu permanent, source de tout ce qui existait. A ce dieu, il fallait adresser des messages de prière, par exemple lui raconter des scènes vécues de chasse avec l'espoir que cela favorisera la prochaine tentative. Le premier art est né ainsi en utilisant les possibilités de la gravure sur les parois rocheuses, un art religieux donc, un art de prière sans doute vite codifié pour être en accord avec l'esprit de la grotte.

Le but essentiel de toute religion est de rendre le monde habitable à l'homme. Les peintures pariétales dans les grottes préhistoriques en sont les prémisses, elles avaient cet objectif d'apprivoiser le monde tel que le voyaient les hommes à cette époque. Ces peintures représentaient les animaux qu'on voyait, qu'on chassait. La grotte elle-même faisait référence à un autre temps, elle représentait pour les premiers hommes l'immuabilité de la vie sur Terre. Dans une grotte rien ne change, le temps semble infini, perpétuel, c'est comme si on entrait au sein de la Terre en laissant derrière soi le soleil, la nuit, les saisons, le froid, la pluie, etc.

Pour ces premiers hommes, rendre le monde habitable c'était chercher à satisfaire une inquiétude latente, encore fruste qui commençait à émerger au fin fond de leur cerveau. Cette inquiétude continue à tarauder l'homme moderne et c'est là la source même de ce qui fait l'homme : qui suis-je, pourquoi suis-je ici, pourquoi suis-je né, pourquoi dois-je mourir, quel est le sens de ma vie ? Pour finalement déboucher sur ce que nous avons appelé la *question transcendantale* : « *Pourquoi y-t-il quelque chose plutôt que rien ?* » Il s'agit là d'un besoin de connaissance de soi intimement lié avec l'émergence de la conscience.

Les premières religions ont commencé par imaginer un monde divin habité par des dieux à l'image des hommes. Un ensemble de mythes faisait vivre cette société de divinités aux particularismes aussi différents entre eux que chez les humains. En fait chaque dieu reflétait une communauté particulière et les rites établis pour ce dieu assuraient la cohésion de la communauté.

L'urbanisation et le développement des échanges autour d'un héritage culturel croissant en richesse informationnelle ont poussé la spiritualité vers une harmonisation de ce monde divin trop complexe, parcouru de légendes et d'histoires souvent rocambolesques. Les grandes religions actuelles ont ainsi cherché à transcender la multiplicité des dieux vers un dieu unique intellectuellement plus valorisant. Le monde antique, gouverné par des mythes, c'est à dire par des récit légendaires transmis par la tradition, qui, à travers les exploits d'êtres fabuleux (héros, divinités, etc.), fournissaient une tentative d'explication aux phénomènes de la vie (naissance du monde, de l'homme, des institutions, acquisition des techniques), mais cela ne convenait plus face à l'évolution spirituelle de l'homme, ces récits laissaient l'esprit englué dans un magma confus de croyances dont il ne pouvait plus tirer la foi nécessaire pour satisfaire l'anxiété de la question transcendantale, il fallait l'en extraire.

Avec la disparition de la mythologie divine, le ciel est devenu plus pur mais aussi plus vide, ce qui a replacé la question transcendantale au centre des préoccupations spirituelles. Pour satisfaire ce besoin de savoir, les religions monothéistes ont divinisé le concept de l'âme tel qu'il a été introduit par Aristote. Pour ce dernier, *l'âme est la réalisation (entéléchie) première d'un corps naturel organisé.* Tout être vivant a une âme, depuis la moindre plante jusqu'à l'animal le plus évolué de la planète, l'homme. Cette âme cristallise le besoin de vivre qui est à la source de tout vivant.

La religion monothéiste a divinisé ce concept de principe de vie, elle en a fait un don de Dieu exclusivement attribué à l'homme. En se divinisant, en se séparant du corps physique, l'âme devient un principe spirituel et en cela distingue définitivement l'homme des animaux. Appartenant à Dieu, l'âme est une entité éternelle : après la mort du corps qui la supporte, elle passe en jugement pour être admise dans le paradis ou condamnée à l'enfer pour l'éternité. C'est ainsi qu'est apparue la dualité de l'âme divine, éternelle, par rapport au corps animal périssable. Cela a conduit au mépris de tout ce qui rappelle à l'homme qu'il n'est qu'un simple animal et en particulier la chose la plus insupportable parce que non maîtrisable, le sexe. Dans la pulsion sexuelle qui représente l'expression ultime de l'animalité, l'âme divine devient l'esclave du corps, ce qui est évidemment inacceptable !

Les religions monothéistes ont poussé ce sentiment de rejet de l'animalité de l'homme jusqu'à l'extrême. Seule compte l'âme éternelle, le corps n'est plus qu'un support animal qui ne doit servir qu'à aider cette âme à accéder au ciel. La pulsion sexuelle devient alors insupportable parce non contrôlable, elle doit être combattue, réprimée ou du moins contenue dans le rôle restrictif de la procréation. C'est ainsi que la mère de Jésus ne peut pas être appréhendée autrement que vierge, au point même que les frères de Jésus sont déclarés nés d'une autre mère, au point aussi que la religion parle peu de Joseph, le père de Jésus, alors qu'elle a glorifié non seulement la mère de Jésus mais aussi Anne, la mère de la mère ! Il n'est en effet pas concevable que le Fils de Dieu soit fait homme par un acte de jouissance sexuelle ! Marie a le droit d'enfanter mais pas de connaître le plaisir de l'acte d'amour. Bien sûr cette filiation divine peut être vue comme un argument ontologique, mais il n'en reste pas moins que la religion catholique montre là son mépris souverain pour tout ce qui concerne le corps physique et ses plaisirs. Il s'en est suivi le célibat contre nature des prêtres, le monachisme, l'érémitisme avec la volonté de martyriser son corps. L'idée qui prédominait dans cette sorte de sadomasochisme était que la répression des pulsions biologiques et particulièrement sexuelles permettait de concentrer toute la volonté spirituelle sur l'âme divine et contribuait ainsi à la rapprocher de la transcendance.

Pendant des siècles la religion s'est développée et a évolué comme une nécessité en symbiose avec chaque société humaine. En quelque sorte la religion a joué un rôle de mémoire historique et culturelle, elle a constitué ainsi le moteur principal des échanges interhumains. En introduisant des croyances, des règles, des rites, elle a canalisé les débordements sociaux et a accompagné l'évolution de la pensée. Chaque population humaine est ainsi le reflet d'une religion historique, le caractère de la société découlant de sa religion et inversement la mémoire de la religion se modélisant grâce à l'évolution de la société. On pourrait presque dire que la religion a permis la constitution d'une mémoire culturelle et spirituelle pour toute la population qui la pratique, elle est en cela à l'origine du *corps mémoriel* introduit au chapitre précédent.

Le dogme lie les gens entre eux autour d'une spiritualité commune, les rites établissent des règles strictes qui canalisent la morale, la pensée. Tous les moyens sont bons pour obtenir une complète adhésion et cela va jusqu'au contrôle du corps par des règles alimentaires. La religion s'assure ainsi de la conduite de chacun, condamnant tout écart avec une spiritualité normalisée. Cela se retrouve dans la créativité artistique enfermée dans les croyances, que ce soit la peinture, la sculpture, les textes, les chansons, la musique, etc.

La diversité des religions est étonnante, chacune reflète l'art de vivre d'une civilisation. D'une certaine manière, une religion représente, à un moment de l'histoire, le cœur spirituel de la société qui la pratique. Lorsqu'une telle cristallisation se produit, la religion acquière une force irrésistible. Elle peut alors se répandre comme une traînée de poudre soit au fil des invasions, à la pointe de l'épée, soit par consensus grâce à ses avantages sociaux et spirituels.

Dans cette diversité, la religion chrétienne[13], héritée du judaïsme, tient une place particulière. Le judaïsme est une religion fermée sur elle-même, uniquement réservée au Peuple Elu. Elle se base sur les règles de vie exprimée dans la bible : c'est la Loi, la Loi Mosaïque que chacun doit

---

[13] Nous englobons dans ce terme toutes les religions basées sur le Nouveau Testament, la religion catholique représentant la plus importante et la plus structurée de ces religions.

observer, souvent dans ses moindres détails selon l'expression que l'on veut donner à sa foi. En opposition à cet enfermement, la religion chrétienne s'est développée extraordinairement grâce à sa volonté d'ouverture à tout homme[14]. Elle a rejeté la Loi Mosaïque tout en gardant la foi, permettant ainsi à chacun de mener sa vie comme il l'entend. Son dogme s'est principalement axé sur l'aspect spirituel, écartant toute contrainte liée au corps comme la circoncision, les règles alimentaires, etc. Elle est la seule parmi les autres religions à avoir inversé la conception du temps religieux originellement fondé sur l'idée que le passé est toujours supérieur au présent comme au futur, que la perfection est liée aux origines. La religion chrétienne réfute le fatalisme, l'homme est toujours perfectible et doit lutter pour cela. Ce faisant, elle a su libérer la créativité, permettant ainsi l'essor de l'industrialisation et la marche vers la démocratie, préparant finalement sa propre perte. En effet, malgré ses débordements passés et ses dérives sectaires, la religion chrétienne possède par essence une particularité essentielle : le respect et la liberté de l'individu et surtout l'ouverture à tous par opposition à des religions refermées sur elles-mêmes qui rejettent par principe l'autre, l'étranger, comme l'islam et surtout le judaïsme avec sa notion de peuple élu. Ces religions dès leurs origines sont des sociétés théocratiques qui admettent que Dieu puisse ordonner à ses fidèles de faire la guerre. La bible en montre tous les désordres possibles. Dans le cas de l'islam, c'est manifeste puisque que le Prophète est à la fois porte-parole de la révélation divine, chef d'Etat et chef de guerre. Le christianisme des origines, à l'imitation de Jésus, rejetait l'usage des armes, préférant périr par les

---

[14] « Il n'y a ici ni Grec ni Juif, ni circoncis ni incirconcis, ni barbare ni Scythe, ni esclave ni libre ; mais le Christ qui est tout et en tous. » (Paul, Colossiens, 3,11).

---

armes que de s'en servir. La notion de guerre sainte avec les croisades apparaît dans l'Occident catholique romain lorsque se crée une forme inédite de théocratie grâce à la collusion du pouvoir civil (l'empereur) et du pouvoir religieux (le pape), ce qui est tout à fait en opposition avec la doctrine de Jésus.

La religion chrétienne en ouvrant sa foi à tout homme a montré une universalité qui a fait son succès et a indirectement fourni à l'Occident la potentialité du siècle des Lumières. C'est en effet la seule qui, par sa nature même, n'a pu empêcher que s'entrouvre le couvercle de la marmite que constituent les dogmes figés pour l'éternité, autorisant ainsi la pensée à s'exprimer librement. Dans ce sens on pourrait dire que c'est grâce à la religion chrétienne que l'Occident domine aujourd'hui le monde avec son modèle économique et politique.

Cette religion était sans doute prédisposée à cette évolution. Elle a su introduire un Dieu d'amour qui s'adresse à l'humanité entière plutôt que d'exercer sa puissance exclusivement en faveur d'un peuple élu. Bien sûr elle a établi dès ses débuts un dogme répressif qui se perpétue encore aujourd'hui, mais son originalité tient dans ses prémisses : dès sa création elle a introduit un germe révolutionnaire que n'ont pas les autres religions, elle est une religion de l'amour et paradoxalement de la laïcité. Elle a su séparer le sacré du profane, en particulier en se libérant des traditions corporelles héritées du judaïsme comme l'interdiction de certains aliments ou la mutilation que représente la circoncision sur les enfants. Le concept de laïcité, séparation de la religion et de l'état, a été souligné par Jésus lorsqu'il demande de « rendre à César ce qui est à César et à Dieu ce qui est à Dieu » (Marc 12, 17). Ce concept est fondamental pour assurer une créativité libre de toute contrainte liée à la politique. Il a permis finalement le développement irréversible de la laïcité, condition nécessaire à la pensée créatrice, libre de tout dogme. Ce mouvement de sécularisation a émergé en Occident dès la Renaissance, véritable révolution spirituelle et philosophique. L'islam aussi a connu une telle libération entre le Xème et le XIIème siècle. Seulement l'Orient n'a pas su évincer totalement le religieux de la politique. La Loi a maintenu son pouvoir, éliminant ainsi toute perspective d'évolution.

Un autre apport fondamental de la religion chrétienne est le fait que Jésus n'a rien écrit par lui-même, se contentant essentiellement de paraboles orales pour exprimer ses idées. Le concept de texte sacré, incréé c'est à dire dicté par Dieu, n'existe donc pas dans la religion chrétienne et cela a favorisé une certaine ouverture de la religion à l'évolution des connaissances malgré les réticences réactionnaires traditionnelles de la hiérarchie établie. Tous les textes, depuis la bible jusqu'aux évangiles, peuvent ainsi être interprétés pour tenir compte des avancées de la spiritualité. La théologie chrétienne est très riche dans ce domaine de l'exégèse des textes ; dans un certain sens, elle a constitué le cœur intellectuel des premières universités au Moyen-Âge et sa méthodologie d'analyse a inspiré les grands philosophes occidentaux. D'ailleurs, malgré des périodes sombres et réactionnaires, elle a alimenté la réflexion philosophique occidentale et a contribué à l'évolution de la pensée, une évolution difficile, marquée par des retours en arrière, mais une évolution irrésistible malgré tout. Jésus, par ses paroles dont on peut imaginer l'aspect révolutionnaire pour son l'époque, a semé les graines d'un processus de libération intellectuelle qui ne s'est jamais arrêté ensuite. Il faut relire les paroles de Jésus retranscrites dans les Evangiles pour comprendre cela. Jésus était un révolutionnaire en son temps et les paroles qu'il a dites en se basant sur l'amour, la générosité, le don, se situaient en dehors les lois imposées par la religion d'alors, le judaïsme.

Ainsi et pour son malheur, la théologie chrétienne a permis le siècle des Lumières, siècle qui a vu le triomphe de la raison et a signifié par-là le début de la conquête du monde par l'Occident. La pensée libre, lorsqu'elle a commencé à se développer, s'est vite sentie à l'étroit dans le cadre imposé par les théologiens. Jésus n'était plus là pour secouer le cocotier et faire surgir des idées nouvelles malgré la pesanteur des dogmes.

En y regardant de plus près, on peut distinguer deux lectures possibles de l'évangile : celle, stricte et rationnelle, des juristes et théologiens et celle, chaleureuse, émouvante, qui jaillit du cœur et qui, me semble-t-il, est la plus proche de la personne de Jésus. En tout cas, celle qu'ont bâtie les théologiens ne résiste pas au temps, parce que les conditions ont changé et que les entités ou abstractions, dont on se servait il y a encore deux siècles et qui étaient des instruments solides pour la pensée religieuse, sont désormais vidées de leur substance et ne sont plus guère que des mots. Le but de la théologie a été surtout d'assurer la pérennité et l'autorité de l'institution, que ce soit à travers les théories du péché originel ou de la Trinité. La méchanceté est toujours là, mais le péché est une notion qui s'efface; comme la grâce dont la réalité n'est plus guère perceptible. On ne croit plus à un jugement dernier, mais la culpabilité demeure. La joie du don et du pardon est désormais entrée en compétition à plusieurs niveaux avec le plaisir douteux de se venger et même avec l'exigence rationnelle de justice. Il me semble que, dans la liberté des nations évoluées, les sentiments de don et de pardon, chers à l'évangile, ont maintenant plus que jamais l'occasion de se manifester : dans ce sens la face évangélique de l'humanité a beaucoup d'avenir. Elle est dans l'axe de l'évolution, quand on la considère à un niveau assez élevé et global. Nous pouvons admirer les cathédrales et la beauté poétique d'une révélation qui pour nous est désormais d'ordre *légendaire*. C'est regret, car si on aborde la religion comme une sorte de poésie, le problème de la tolérance ne se pose plus.

Et qu'en est-il des autres religions en dehors de la religion catholique ? Dans ce tableau du religieux en fin de vie, l'islam a un statut particulier. Je dirais que cette religion, par nature, n'a pas su se différencier du pouvoir temporel par opposition au christianisme qui dès l'origine a voulu une spiritualité indépendante des règles sociales et de l'Etat. Bien sûr il a fallu attendre le siècle des Lumières pour voir effectivement se réaliser cette indépendance, il n'est pas facile d'abandonner le pouvoir temporel quand on tient le pouvoir spirituel ! D'ailleurs Mahomet était à la fois un chef de guerre et un prophète chargé de recevoir la parole de Dieu, contrairement à Jésus qui, tout en se déclarant roi des juifs, n'a jamais levé une armée pour imposer sa religion. Il est par ailleurs remarquable que l'islam n'a pas su développer un clergé organisé, chargé de la vie spirituelle, comme a pu le faire l'Eglise Catholique. L'islam était au départ une affaire d'Etat et il s'est maintenu ainsi grâce à des règles de vie très contraignantes complétement intégrées dans la société, des règles qui ont beaucoup freiné et freinent encore l'évolution de ces sociétés

En maîtrisant les rouages de la vie sociale, l'islam contrôle les faits et gestes de tout un chacun, il est la Loi exprimée par un texte sacré et même dit incréé que la pression sociale force à respecter, enchaînant ainsi son peuple. L'individualisme est proscrit, la Loi est ainsi faite qu'il est quasi impossible de ne pas participer aux différents rites imposés sous peine d'être montré du doigt et finalement condamné. L'islam a vécu son siècle des Lumières bien avant le catholicisme mais la société d'alors n'a pas réussi à prendre le virage qui mène à la liberté spirituelle et la créativité. La Loi islamique, en refusant d'introduire la raison dans la lecture de son texte sacré, a finalement étouffé chez l'individu toute velléité de se différencier.

C'est pourquoi l'islam ressent cette liberté de créer qui caractérise la société occidentale comme une agression, une menace et cela explique les poussées extrémistes extrêmement violentes qui cherchent à imposer une vision radicale, étroite des textes en vigueur. Par opposition, on remarquera que les poussées extrémistes de la religion catholique restent confidentielles. Pour cette religion, le pas est définitivement franchi, les églises ferment, la spiritualité prend son indépendance, les âmes s'envolent vers d'autres horizons. On ne reviendra jamais en arrière, du moins dans les sociétés libérales et démocratiques au sein desquelles les connaissances apportées par la science moderne se sont largement diffusées. En opposition à la quiétude apparente de la religion catholique, la violence est une tradition qui se perpétue dans l'islam. Cette religion maintient son pouvoir de contrôle sur la vie sociale et cherche par tous les moyens à imposer ses pratiques aux non musulmans ou aux musulmans moins pratiquants, en particulier à tous ceux qui se permettent de boire de l'alcool, de manger du porc ou d'oublier le ramadan. Ce faisant elle structure la société, elle règle la vie jusque dans ses moindres détails, elle impose ses lois concernant l'éducation, le droit et même la finance. Dans ces conditions la démocratie devient impossible, une telle religion ne peut être qu'une religion d'Etat et toute opinion divergente doit être réprimée. La liberté spirituelle et les valeurs laïques acquises par l'homme occidental rendent cette religion difficilement compréhensible, ce qui provoque des bouffées d'islamophobie primaires.

Et pourtant l'islam possède une pureté et une simplicité spirituelle que n'a pas réussi à préserver l'Eglise Catholique. En opposition au décor d'une église généralement surchargée de statues de saints et autres ornements censés représenter le pouvoir de Dieu, l'architecture d'une mosquée reflète une pureté indicible comme par exemple la mosquée Bleue d'Istanbul dont les mosaïques bleues qui ornent les murs de son intérieur soulignent la spiritualité intrinsèque.

Malheureusement l'islam, par ses réactions extrémistes, est désormais vu par le monde occidental comme une religion impérialiste, dictatoriale, tout comme l'était la religion catholique au temps des cathédrales, une religion qui finalement n'a pas encore réussi son siècle des Lumières. Dans les pays où l'islamisme est poussé à l'extrême, l'homme occidental croit voir revivre le Moyen Âge : l'appel à la prière à tout le monde apparaît comme une incongruité, le cantonnement les femmes dans un monde à part l'est encore plus, l'interdiction des écoles aux filles apparaît insupportable et de façon plus générale confier son être au bon vouloir d'un dieu dépasse le compréhensible !

Le bouddhisme ne se place pas dans ce scénario pour la bonne raison qu'il n'y a aucun dieu à adorer dans cette religion. D'ailleurs le bouddhisme n'est pas une religion, mais plutôt un ensemble de préceptes philosophiques qui tendent à développer la spiritualité individuelle. La prière n'existe donc pas dans le bouddhisme, on n'implore pas un dieu et rien n'est dit sur ce qu'il advient après la mort, à part la tradition hindoue de la réincarnation. Bien sûr les religions vernaculaires des pays où le bouddhisme s'est répandu ont intégré cette philosophie avec leurs dieux privés assimilant même le Bouddha historique dans leurs cultes, mais ces rites comme les moulins à prières que l'on fait tourner sans cesse en croyant que chaque tour constitue une prière, n'ont rien à voir avec le bouddhisme originel. En fait le bouddhisme n'apporte pas le confort spirituel d'une religion du Livre, il pousse au contraire à la recherche de soi-même. Il s'agit de s'extraire du quotidien, c'est à dire de la souffrance causée par les activités superficielles de la vie courante, les affects dérangeants, les innombrables stimuli que procure la vie sociale, enfin de tous ces soucis qui submergent la pensée et perturbent la concentration nécessaire, pour finalement acquérir une vraie liberté spirituelle.

Cette recherche de soi-même proposée par le bouddhisme au monde occidental des religions du Livre a aujourd'hui beaucoup de succès et cela s'explique par la perte du confort spirituel offert par l'église catholique. Un vide s'ouvre vertigineusement derrière la perte de ce confort et pousse s'accrocher à toute nouvelle méthode spirituelle comme à une bouée de sauvetage.

Parmi toutes les religions existantes dans le monde, y en aurait-elle une qui puisse encore assurer le logis à une foi créatrice tout en respectant la liberté de penser et d'agir, une foi créatrice qui saurait tracer le chemin à suivre au sein de la complexité croissante de la pensée humaine, une foi capable finalement de renverser le scénario d'une création venue d'en haut par la volonté d'un Dieu tout puissant, pour au contraire ouvrir la perspective d'un acte de foi libre et par là ouverte au génie humain ? Choisir une religion plutôt qu'une autre ? N'est-ce pas là simplement une question de goût spirituel ? Pourquoi finalement choisir une religion si ce n'est pour mettre de l'ordre dans son esprit, le canaliser avec le risque de le fanatiser en opposition à la sécularisation ? Car finalement c'est là le sens de l'évolution de la conscience humaine, qu'on le veuille ou non.

Mon père, alors étudiant en 1930 à la Sorbonne, écrivait à sa mère, fervente catholique : *J'étudiais ce soir la théorie de Alfred Loisy sur la religion[15]. Elle m'a beaucoup frappé. J'étais effrayé de l'impression qu'elle produisait en moi. Il ramène l'essence de la religion à la foi, la foi étant la base de la morale. Mais cet instinct supérieur qu'est la foi a besoin d'une matière où s'appliquer : ce seront les dogmes, quels qu'ils soient d'ailleurs. Ainsi toutes les religions tendent à exciter la foi qui seule est réelle et nécessaire, condition suffisante de la morale. La foi n'est d'ailleurs pour lui que l'expression d'un l'instinct de conservation par lequel l'homme fait confiance à la Vie. L'idéal que suppose la foi est en effet toujours tout humain et ne suppose aucune source transcendante, ni aucune conception métaphysique. Si je me laisse entraîner à vous exposer cette thèse, c'est qu'elle est fort séduisante et vraiment elle paraît très bien répondre aux faits. Seulement on tombe dans le modernisme, le dogme n'a plus de valeur réelle, telle religion n'est pas plus vraie qu'une autre.*

Pas plus vraie qu'une autre... Alors quel peut bien être aujourd'hui l'intérêt de s'approprier une religion ?

Il est significatif de constater l'importance prise par l'évaporation de la religion catholique en seulement une génération. Cela se concrétise principalement en Europe et aussi au Canada ; seuls les Etats-Unis semblent conserver certaines traditions dans le domaine religieux sans doute par souci d'animation sociale, mais le mouvement est définitivement engagé dans les universités et autres cercles intellectuels.

Pour bien prendre la mesure du phénomène, il est intéressant de revenir en arrière, étudier l'évolution de la

---

[15] L'Évangile et l'Eglise

spiritualité de cette génération qui a vu la chute impressionnante de la croyance et de la foi en France et ceci malgré les efforts timides de l'Eglise Catholique pour s'adapter au mouvement libertaire dominant.

LA REVOLTE

> *Se laisser conduire par une croyance ou par des dogmes est un acte de suicide.*
> *Krishnamurti*
> *La Révolution du silence*

> *Croire, c'est mourir en soi et nous voulons vivre. Toute religion prêche le renoncement.*
> *André Comte Sponville*
> *Du corps.*

Il est difficile aujourd'hui d'imaginer le poids moral que l'Eglise Catholique pouvait exercer sur les jeunes il n'y pas si longtemps (encore dans les années 1950). C'était une époque où chaque village possédait encore son curé, où le catéchisme était enseigné au lycée par des aumôniers, où la confession se pratiquait de façon périodique, etc. Mais déjà la révolte grondait dans les esprits.

Je crois que le premier geste révélateur de la tempête qui se préparait dans ma conscience adolescente fut l'extinction de la lampe, une lampe de sanctuaire, celle qui brille toute rouge à côté de l'autel dans les églises. Cette lampe, dont la couleur est toujours rouge rubis, est sensée signifier la présence de Jésus dans le pain consacré contenu dans le tabernacle. C'est une croyance bien entendu et le symbole de l'hostie est au cœur du dogme chrétien, c'est sans doute pour cela qu'un jour j'ai choisi cette lampe pour couper définitivement les ponts avec les croyances de mon enfance. Quand je suis ressorti de l'église, la lampe ne brûlait plus, c'était facile, c'était simplement une bougie à éteindre. Dehors tout était pareil, c'était comme si je n'avais jamais rien éteint ! Pourtant j'avais l'impression d'une libération spirituelle, fini ce carcan religieux qui m'étouffait, je pouvais désormais penser comme je voulais, je devenais maître de ce qui était bien et de ce qui était mal, je pouvais conduire ma barque sans en référer à quelque loi divine.

Ce petit fait révèle une époque révolue. Qui aujourd'hui se soucierait d'une lampe de sanctuaire ? Qui même pourrait avoir une vague idée du Saint Esprit ou pire encore, du concept de la Trinité ? La réponse la plus fréquente d'un jeune à la question de la Trinité, c'est : « Egalité, Fraternité, Egalité » ! Il n'y a plus d'éducation religieuse ou, quand il y en a, c'est d'une pauvreté désespérante… Je me rappelle encore le catéchisme auquel nous, enfants, étions assujettis, la confession à laquelle nous nous préparions avec des listes de présupposés péchés que l'on récitait sans bien en comprendre la portée. Ensuite l'aumônier nous donnait quelques « Je vous salue Marie » ou « Notre Père » à réciter tout en nous serrant très fort contre sa poitrine. Tout ceci n'avait aucun sens, même la prière du soir que mon père imposait et dont je récitais machinalement les mots sans y prêter attention était devenue un rite vide de toute spiritualité.

C'est une époque révolue parce que le monde d'aujourd'hui n'a plus rien à voir avec celui-là, pourtant pas si lointain, où la religion imposait ses rites et gouvernait la spiritualité. Mais comment est-on passé de cette époque où la religion possédait une puissance suffisante pour entraîner les hommes à construire ces grandes cathédrales qui dominent aujourd'hui encore le paysage des villes, à ce désintérêt pour tout ce qui touche les croyances et les rites ? Fallait-il que la religion soit si forte, si imprégnée dans les consciences, pour que l'homme du Moyen-Âge trouve l'énergie et le pouvoir de création nécessaire pour lancer ces vastes vaisseaux à l'assaut du ciel ? Il faut avoir vu le chœur de la cathédrale de Beauvais, le plus haut du monde, pour imaginer la force que pouvait alors représenter la religion.

C'est le développement fantastique de la connaissance, la facilité de circulation de l'information et la mise en réseau des relations interhumaines avec le développement de la démocratie qui a permis à la grande majorité de se libérer des contraintes systématiquement associées aux croyances et d'accéder à la pensée autonome.

Cette liberté conquise face aux religions met l'homme à nu. Emancipé de l'impérialisme du dogme, libéré des rites, il cherche désespérément à se raccrocher à quelque chose qu'il ne voit pas, ni ne comprend. Pourtant cette solitude qui l'entoure n'a rien à voir avec la solitude recherchée par les ermites des premiers temps de notre ère. Au contraire ! Jamais nous n'avons autant communiqué, jamais nous n'avons autant voyagé, jamais il n'y a eu autant d'échanges transversaux entre les hommes. Les nouvelles technologies avec le développement fantastique des médias et l'apparition des réseaux sociaux sur Internet accélèrent ce phénomène à un niveau jamais atteint. Les Grecs dans l'Antiquité se réunissaient sur l'Agora pour discuter des problèmes de la cité, mais cela ne concernait qu'une petite élite et surtout pas les esclaves, ni les femmes, c'est à dire la majeure partie de la population. Aujourd'hui les moyens de communication touchent tous les niveaux de la population et cette participation de millions d'individus à un corps mémoriel collectif change complètement la donne. Imaginez seulement le pouvoir computationnel de millions de cerveaux connectés sur un même corps mémoriel !

La conséquence de l'importance prise par les réseaux de communication sur lesquels s'appuie le corps mémoriel est que notre compréhension du monde subit une profonde mutation. Nous ne le voyons plus comme un monde régi par un dieu souverain, un dieu que nous aspirons de toutes nos forces à rejoindre là-haut dans le ciel en obéissant aux règles qu'il impose. Nous ne cherchons plus à observer les rites qui soudent la société dans cette aspiration vers la transcendance, la connaissance scientifique nous fait changer de rôle, nous ne sommes plus divins en puissance, nous sommes simplement observateurs d'un univers dont nous ne comprenons pas le sens. Les théories cosmologiques font débuter l'univers dans le monde quantique où rien n'est normal ! Ainsi de multiples histoires peuvent être à l'origine d'univers différents, mais parmi tous ces univers, le nôtre a une particularité : il est habitable et il nous offre la vie telle que nous la connaissons. Difficile dans ces conditions de trouver une raison à tout ça ! Sauf que justement la conscience de soi est plus que jamais nécessaire pour seulement pouvoir observer ce monde qui nous a fait ! C'est là une caractéristique fondamentale de la conscience : la capacité d'observer et d'analyser à la fois du point de vue qualitatif (notion du beau) et quantitatif (formalisation mathématique).

La religion ne serait-elle pas alors qu'un simple outil au service de cette force créatrice qui nous pousse à observer, à chercher ? Et dans ce cas, serait-elle capable d'évoluer pour s'adapter au besoin spirituel d'aujourd'hui ? Mais si c'était vrai, pourquoi faudrait-il tant de religions différentes ? Leur multiplicité même constitue un signe caractéristique de leur archaïsme. En effet pourquoi choisir l'une plutôt que l'autre ? Pourquoi ce Dieu plutôt que Celui-là ? En général, il n'y a pas de choix à faire, la religion est transmise comme un héritage entre générations et il n'y a pas lieu de se poser de questions. Mais alors cette multiplicité ne trahit-elle pas une dépendance avec l'héritage culturel d'un peuple, une religion ne serait-elle pas simplement le reflet de l'histoire culturelle d'une société plutôt qu'une transcendance supposée capable de nourrir le besoin spirituel de la conscience. Les trois grandes religions monothéistes utilisent le même Dieu, font référence au même texte biblique, seuls les rites diffèrent et pourtant la simple idée d'un rapprochement œcuménique reste impensable malgré quelques volontés vertueuses ! C'est dire à quel point elles dépendent de leur histoire et se désintéressent de l'objet même de leur existence !

En fait, il faut bien l'admettre, la religion agit comme un frein à l'évolution spirituelle de l'homme. Pour progresser dans la connaissance de ce qu'il est, l'homme n'a qu'une solution : se libérer des croyances et des rites dont il a hérités. La règle de vie de tout un chacun devrait être cette phrase du Dhammapada : « *L'attention est le chemin qui conduit à l'affranchissement de la mort, l'inattention, l'irréflexion, est le chemin qui mène à la mort. Ceux qui sont attentifs ne meurent pas, les inattentifs sont déjà morts.* »

Outre l'évolution de la conscience qui exige désormais une spiritualité ouverte, ainsi que l'accroissement fantastique des connaissances, il y a une troisième raison à l'effondrement du religieux : c'est la découverte de la finitude du monde. Les religions sont apparues dans les grottes avec le sentiment d'immuabilité. Dieu était éternel comme le monde et la Terre était au centre du monde. Ce sentiment a perduré longtemps, il est devenu la racine même des religions, mais désormais il est déstabilisé par la découverte que l'univers a un commencement apocalyptique et nécessairement une fin tout aussi apocalyptique. Avec le concept d'immuabilité, la religion offrait un manteau spirituel dans lequel on pouvait s'envelopper en toute confiance, la mort devenait simplement un but dont il fallait travailler le chemin d'accès pour avoir droit au Paradis. La découverte de la finitude du monde met en pièces ce manteau de confiance. Notre Terre est devenue un minuscule point banalisé dans un univers qui s'agrandit de plus en plus vite. Trop petite pour notre espèce envahissante, cette Terre s'épuise et se pollue graduellement au point qu'il faut l'entretenir comme un jardin précieux avec tout le soin possible pour prolonger sa survie ! Rien que ce sentiment rend toutes les croyances ancestrales absurdes !

Face à une telle accélération des connaissances, une religion quelle qu'elle soit a tendance à rester figée sur ses croyances. Avec ses idéologies et ses dogmes, elle enferme la pensée créatrice, la canalise et finalement la confine dans un espace spirituel fermé, encadré par la théologie. Pourtant tôt ou tard il faut bien faire de la place aux nouvelles connaissances qu'acquiert l'homme. Or depuis deux siècles, depuis les Lumières, ces connaissances subissent un accroissement vertigineux. Nous avons ainsi basculé d'un monde statique, harmonieux et dans lequel le temps s'écoulait de façon immuable, dans un monde complètement fou, gouverné par des lois physiques dont nous ne saisissons pas encore bien tout le sens. Nous avons découvert que nous sommes le fruit du hasard, sur une petite planète perdue parmi des milliards d'autres dans un univers en perpétuelle croissance et peut-être lui-même perdu parmi des milliards d'autres. A la place de la conception fixiste du vivant qui avait prévalu dans les principaux dogmes religieux, la théorie moderne de l'évolution introduit un arbre phylogénétique des êtres vivants. On sait désormais que la vie est née sous la forme de bactéries élémentaires pour ensuite se diversifier de façon extraordinaire, des espèces naissant pour disparaître quelques millions d'années plus tard. Nous sommes simplement représentés au bout d'une branche de cet arbre phylogénique, une espèce parmi tant d'autres !

Cette révolution des idées sur l'origine de l'homme, accompagnée par une nouvelle compréhension des phénomènes physiques conduisant à la naissance de l'univers et de façon générale le poids grandissant des connaissances scientifiques, constitue sans doute une raison essentielle de l'effondrement du religieux auquel nous assistons aujourd'hui. La connaissance scientifique ridiculise des croyances millénaires ; désormais nous affirmons que rien n'est inconnaissable ! Nous n'avons plus besoin de mystère divin, nous savons que nous trouverons toujours une explication rationnelle, explicable dans une formalisation mathématique, à tout phénomène que nous pouvons observer. On constate d'ailleurs que les sociétés ésotériques perdent petit à petit leur audience ; le mystère, la philosophie occulte n'attire plus, seuls des mouvements sectaires ridicules peuvent encore s'accrocher à un tel mysticisme inculte. On assiste là à une évolution majeure de la conscience de soi : poussée par la richesse sans cesse accrue du corps mémoriel, celle-ci se libère des croyances et aspire à plus de liberté, c'est le triomphe de l'individualisme.

On retrouve les traces de cet effondrement du religieux dans l'art lui-même. A l'époque où la religion était puissante et forte, la conscience, bercée par les croyances et les rites associés, oubliait la question transcendantale, tout était simple, il suffisait de se couler dans le cadre imposé. Pour les mystiques, c'était du pain béni : la transcendance se dévoilait dans toute sa pureté, il n'y avait plus qu'à essayer de l'exprimer dans la peinture ou les chants. La religion a ainsi été un vecteur formidablement porteur pour l'art sous toutes ses formes. On peut regarder avec nostalgie cette époque où l'art religieux produisait de si magnifiques tableaux, des chants, de la musique capables de transporter tout un chacun vers les portes du ciel !

L'effondrement du religieux a tout simplement fait imploser cet art conventionnel. Désormais tout devient possible, l'art a pris une nouvelle dimension : il s'agit d'éveiller l'attention, de bousculer le bien-pensant, de secouer le cocotier spirituel jusqu'à faire sortir la conscience de son ornière et l'obliger à faire face à la question transcendantale. Et là, face à lui-même, l'homme retrouve son indépendance spirituelle. Se poser la question « Pourquoi suis-je, à quoi je sers ? », c'est le passeport vers la liberté spirituelle ! La religion annihile la possibilité de cette question, elle l'étouffe en fournissant à priori une réponse. Dans ce sens, elle est autocratique ou plutôt théocratique puisque les règles et les croyances arbitraires qu'elle impose à la société sont supposées dictées par un dieu.

Libéré de cette emprise du religieux, l'art moderne s'épanouit en de multiples facettes. Et étonnamment cet art, pourtant difficile à comprendre parfois, conquiert son public. Cela se voit aussi bien dans la peinture, la sculpture que dans l'art musical. On veut un art qui exprime les soubresauts d'une société en pleine évolution, un art qui dérange, un art d'animation aussi qui joue un rôle social en assouvissant le trop plein d'énergie d'une conscience libertaire.

Il faut reconnaître que la source de l'effondrement du religieux se situe dans les pays occidentaux, les pays où les religions judéo-chrétiennes ont longtemps dominé la spiritualité. C'est aussi dans ces pays que les grandes conquêtes scientifiques de ces trois derniers siècles ont vu le jour et se sont ensuite répandues dans le monde entier. C'est cette même culture judéo-chrétienne qui a permis finalement la démocratie, provoquant dans la foulée le rejet des dogmes religieux et conséquemment la libération de la conscience. Car il est certain que la libération de la conscience va de pair avec le triomphe de la démocratie. D'ailleurs le succès a été tel que la civilisation occidentale a imposé petit à petit son modèle économique et ses valeurs politiques aux autres civilisations.

Cet effondrement du religieux ne s'est pas fait sans mal, des résistances existent. Pourtant c'est maintenant un fait établi dans notre paysage spirituel, nous n'acceptons plus de nous protéger, de nous calfeutrer dans le confort de croyances périmées. Malgré les soubresauts engendrés par les extrémismes, la pensée moderne se débarrasse petit à petit de ces oripeaux religieux devenus historiques. Oh ! Bien sûr, il reste encore des personnes attachées à quelque forme de croyance, mais cela reste marginal, surtout en Europe. La croyance ne réussit plus à satisfaire le besoin d'être, elle est désormais considérée comme un frein, comme un ennui. Alors on s'en désintéresse. Si l'homme se détourne du fait religieux, c'est parce que ce dernier est devenu inadapté à son besoin spirituel.

Même la morale n'a plus besoin de la religion pour mettre en œuvre ses préceptes, elle n'en a d'ailleurs jamais vraiment eu besoin. En fait dans ce domaine, la religion ne constituait simplement qu'un moyen d'expression, une courroie de transmission, elle n'a jamais été la source de la morale. Celle-ci se crée et évolue avec la société vivante, c'est à dire au sein d'un réseau diffus de communication et de mémoire où s'expriment de façon inconsciente les règles qui constituent le « vivre ensemble ». La morale jaillit ainsi comme un besoin nécessaire de la société, ses règles évoluent sans cesse comme par exemple la position morale vis à vis de l'homosexualité, hier tabou et proscrite, maintenant acceptée au point d'en accepter le mariage.

Aujourd'hui cette morale se diffuse et évolue par l'intermédiaire du corps mémoriel sans que personne ne s'en rende vraiment compte, elle est acceptée implicitement sans qu'il soit besoin de l'enseigner par le biais de croyances. Pendant des millénaires, la société a utilisé la religion comme vecteur essentiel des règles morales, contribuant ainsi à stériliser leur évolution. Quoi en effet de plus efficace que de donner à ces lois un caractère divin en les faisant descendre des cieux ! Aujourd'hui tout se passe au sein des mécanismes vivants de la société laïque. La démocratie en constitue l'élément essentiel, elle permet le renouveau des idées, elle alimente la culture, l'éducation, l'art et finalement la connaissance scientifique. La religion n'a plus rien à faire là-dedans, d'ailleurs personne ne tient plus compte des préceptes prétendument moraux édictés par le pape[16], même pas les personnes encore assujetties aux croyances traditionnelles !

Le virage décisif de cet effondrement de la morale religieuse a certainement été la crise de Mai 1968 en France. La célèbre phrase « *il est interdit d'interdire* » résume parfaitement cette ouverture à la vie que cherchaient désespérément les jeunes. Cela s'est traduit par le renversement des croyances, le refus de toute morale imposée par des dogmes obsolètes, la recherche de la liberté à tout prix. Après Mai 1968, le phénomène de déshérence de la religion est devenu inéluctable, les églises se sont vidées, les prêtres ont peu à peu disparu. Il ne reste désormais plus que quelques attardés à continuer à se soumettre au dogme et à pratiquer des rites devenus historiques parce qu'ayant perdu toute présence spirituelle, toute force de vie.

---

[16] Comme la condamnation de la contraception, l'avortement, le mariage homosexuel, etc.

UNE MUTATION NECESSAIRE

> *La pensée ne doit jamais se soumettre, ni à un dogme, ni à un parti, ni à une passion, ni à un intérêt, ni à une idée préconçue, ni à quoi que ce soit, si ce n'est aux faits eux-mêmes, parce que, pour elle, se soumettre, ce serait cesser d'être.*
> *Henri Poincarré*

L'effondrement du religieux dans les sociétés occidentales signifierait-elle une mutation majeure de l'homme ? Oui ! Cet effondrement du religieux auquel nous assistons révèle une mutation majeure de l'homme. Non pas une mutation biologique, mais une mutation culturelle, sociétale. Les Lumières ont initié cette mutation, aujourd'hui le mouvement s'accélère vertigineusement, une nouvelle conscience se dessine et au sein de cette conscience, une nouvelle foi apparaît : une foi créatrice.

Mais que perd-on avec la disparition de la religion ? Faut-il la regretter ? Faut-il en inventer une nouvelle ? Et d'abord qu'est-ce qui disparaît ?

Ce n'est pas la spiritualité qui disparaît, elle n'a jamais été aussi active. Notre conscience bourgeonne, se dilate, tout comme se dilate notre compréhension de l'univers, nous n'en pouvons plus de nous interroger, de méditer, de philosopher ! En fait c'est le cadre mis en place par la religion qui disparaît, c'est à dire les règles, les rites, les symboles dont on ne comprend plus le sens. Avez-vous jamais connu l'ennui d'une messe avec ses pauvres essais de convivialité ? Ou encore la confession que l'Eglise a préféré abandonner, perdant par-là son dernier moyen de contrôler les âmes ! Ces dernières se sont envolées, libres de toutes attaches, rêvant de découvrir des rivages plus ensoleillés, plus prometteurs.

Vous l'avez compris, ce dont nous nous dépouillons, ce ne sont pas de vieux oripeaux qui nous encombrent, mais bien plutôt des magnifiques vestiges d'une époque révolue, des vestiges que nous regardons parfois avec nostalgie. Une cathédrale n'a désormais de sens que par sa beauté intrinsèque et son ambition architecturale, la messe se réduit à celle de Noël parce qu'elle accompagne encore les rêves enfantins, la lampe rouge s'est éteinte dans les églises, les confessionnaux deviennent de sombres épouvantails que certains remplacent par leur psychologue et de toute façon il n'y a plus de prêtres pour animer ce vieux carnaval.

Mais alors comment vivre dans ce vide apparent que laisse la disparition du cadre religieux ? Comment vivre sans balises qui indiquent le chemin ? Est-ce une perte ? L'effondrement du religieux signifie-t-il la fin du monde dans un chaos incontrôlable ou bien la conquête d'une nouvelle liberté ? Des théories scientifiques voient le chaos comme une source vers un nouvel ordre. Cela va-t-il être le cas pour le chaos engendré par la perte des repères religieux ? Ces repères avaient l'avantage de calmer l'angoisse d'être, on pouvait faire confiance, Dieu s'occupait de tout à condition que l'on respecte les rites dans lesquels il s'identifiait. Désormais livrés à nous-même sans plus de repères, ne va-t-il pas émerger quelque chose de nouveau, une nouvelle étape dans la conquête du monde ou plutôt la conquête de l'homme en tant que conscience.

Dans ce chaos apparent, l'homme cherche sa voie. La croyance n'est plus là pour le guider en aveugle vers le Paradis rêvé, il a désormais les yeux grands ouverts et c'est à lui de créer son chemin dans une société diversifiée où tout devient possible. Il y a bien sûr des échappatoires, l'homme peut s'éparpiller à la recherche de substituts ou se réfugier dans le fanatisme religieux malheureusement toujours sans issue. L'accélération du temps rend la vie plus active, on s'oublie dans le travail, on s'éclate dans l'infinie variété des loisirs accessibles. La Terre devient ainsi un terrain de jeux, il suffit de choisir en fonction de ses intérêts et de ses compétences. Sortie du carcan religieux, la vie culturelle foisonne, on ose les expériences les plus folles, les plus abracadabrantes. L'art libéré de tout cadre imposé, de toute contrainte, de toute censure, cherche désespérément son chemin autour de la question transcendantale.

Dans ce vide apparent, la conscience s'exaspère, nous sommes aujourd'hui à la croisée des chemins, un peu comme aux premiers siècles après Jésus Christ. A cette époque, il y eut en effet une explosion spirituelle, une effervescence de la conscience, tout semblait possible. Les dits de Jésus avaient initié un foisonnement spirituel étonnant, des doctrines nouvelles comme les sectes gnostiques surgissaient autour de ses paroles dont on retrouve des traces dans les manuscrits de la Mer Morte appelés aussi manuscrits de Qumram. Ce n'est que progressivement, par éliminations successives, que ce foisonnement spirituel a convergé dans la doctrine chrétienne.

Ce phénomène d'implosion spirituelle se répète aujourd'hui. Dans une recherche affolée de nouvelles transcendances, il naît des sectes plus ou moins malades, parfois dérivées d'extrémismes stupides. Un communautarisme primaire se développe auprès de jeunes déboussolés. Les gourous s'en donnent à cœur joie, profitant de la perte des repères religieux, ils fascinent et canalisent les esprits faibles. Ce genre de recherche spirituelle peut être très productif pour nourrir le corps mémoriel, de l'enrichir en le rendant plus conscient de lui-même, mais il peut aussi être très dangereux s'il se radicalise. Une secte représente un ensemble de personnes étroitement attachées à une doctrine. Celle-ci se constitue par opposition aux règles morales courantes, elle se base sur des interprétations étroites d'une religion que l'on réinterprète pour en faire un vecteur de combat contre l'évolution de la société. La culture qu'elle génère peut dériver vers des extrêmes dangereux. Autant la famille apporte les valeurs nécessaires pour entrer dans la vie, autant l'inconscient sectaire, au contraire, cherche à extraire les individus de leur milieu social pour les enfermer dans un mode de pensée étroit et fermé. Suivre un gourou, c'est perdre son indépendance, perdre sa vie. Se laisser embrigader dans une secte, c'est déformer la religion sur laquelle elle se greffe afin d'en faire une religion de combat, ce qui est à l'opposé des fondements de toute religion. Une religion cherche à assurer un bien-être spirituel et surtout pas à déchainer la haine de l'autre. La secte, au contraire, conduit à l'enfermement de la pensée dans un cadre étroit où la discussion n'est plus possible, elle génère des fanatiques, des fous de Dieu, qui prennent pour de la religion ce qui n'est que de l'aliénation.

Cette effervescence communautaire n'est pas une réponse pertinente à l'effondrement du religieux. Ce n'est qu'un pis-aller qui peut satisfaire certains mais n'apporte pas de solution à la question transcendantale. L'individualisme qui triomphe dans notre société démocratique et laïque a besoin d'une profondeur que n'ont pas tous ces petits mouvements communautaires. Remplacer des rites et des croyances par d'autres plus personnalisés ne sont finalement que des médicaments simplistes pour soigner ce mal-être insidieux qui ronge la conscience.

A ce stade de la réflexion, il est nécessaire de prendre conscience que notre civilisation, notre évolution culturelle, a atteint un point tel de sophistication qu'il n'est pas pensable qu'un seul homme puisse ouvrir une nouvelle perspective, dessiner un nouveau but, préciser un cadre de pensée comme a pu le faire Jésus il y a plus de deux mille ans. Tout cela ne peut venir que d'un réseau complexe de mémoires entrelacées. Un communautarisme étroit et replié sur lui-même n'a aucun avenir, les dérives sectaires non plus. Il se passe un phénomène autrement plus ambitieux qui s'appuie sur une transformation profonde de la société et qui implique un élargissement mondial de la spiritualité : c'est l'émergence d'une *nooconscience* au sein d'un corps mémoriel dont la richesse intellectuelle avec toujours plus de connaissances devient démesurée.

La mutation spirituelle qu'une telle évolution implique rend l'homme désespérément dépendant de lui-même. C'est le triomphe de l'individualisme. En quittant la ruralité pour se rassembler dans les villes, l'homme a perdu un certain contact avec la nature, il a oublié ce respect si nécessaire envers tout ce qui vit, il a écarté ce sentiment d'humilité que l'on se doit d'avoir devant le simple fait d'exister. La nature n'étant plus là que pour être asservie, industrialisée, l'homme a perdu la source du divin. Dans la société des villes, porté par une frénésie de créativité, l'homme a acquis un sentiment de liberté inconnu jusqu'alors et dans cette liberté il s'est découvert une conscience personnelle, une conscience avide de comprendre.

L'une des conséquences de cette ivresse d'être est un besoin accru de spiritualité. La dégénérescence du religieux et de ses rites ouvre un espace jusqu'alors confortablement rempli par la croyance en la transcendance d'un Dieu tout puissant. Une telle ouverture est nécessaire pour permettre un foisonnement de cultures dans le corps mémoriel. C'est ce qui se passe aujourd'hui : le choc des idées par la confrontation de différents esprits, de consciences, de personnalités intellectuelles, provoque une révolution des mœurs et tout cela nous emmène vers un futur dont nous maîtrisons mal les contours.

Cette inquiétude, ce vide spirituel, se reflète sur l'évolution de la création artistique. L'art jusqu'alors contenu par le modèle religieux a implosé dans tous les sens ; une frénésie d'être, de vivre, s'est emparée des artistes, chacun à son niveau bien sûr. Le beau comme symbole de pureté et de croyance est ainsi remis en question, on cherche à pousser l'esprit dans ses retranchements, il s'agit de le provoquer, de le mettre à nu face à ce qu'il croit être.

La mutation en cours s'exprime aussi dans la libération des mœurs. L'abandon des croyances et des rites religieux a réhabilité l'homme avec le sexe que la religion cherchait désespérément à étouffer. La transcendance s'acclimate mal avec l'animalité du sexe et la plupart des religions se sont toujours efforcées d'occulter cette partie « honteuse » de l'homme. La jouissance que procure l'acte sexuel était simplement admise pour les besoins de la procréation mais il ne s'agissait pas de sortir de ce cadre étroit. Cette horreur religieuse de la pulsion sexuelle a souvent conduit à la mise en pénitence du corps, tout était bon pour le punir d'être. Chez certains ermites ou moines, cela pouvait même aller jusqu'à l'auto flagellation pour se punir d'une simple érection durant la nuit, sans compter les jeûnes extrêmes et autres mutilations. Le corps n'avait pas droit de cité, il n'était qu'un support méprisable pour l'âme divine qu'un Dieu improbable nous avait attribuée et la partie sexuelle de ce corps une honte permanente.

C'est que rien ne résiste à la puissance du sexe chez tout être vivant, même si la mort peut s'en suivre pour le mâle comme c'est le cas chez certains insectes comme les mantes religieuses, sans parler des batailles féroces entre mâles pour obtenir la femelle désirée. Apparue il y a des millions d'années dans les premières formes du vivant, d'abord chez les plantes puis chez les premiers animaux, la différenciation sexuelle représente le fait majeur qui a animé l'évolution biologique jusqu'à aujourd'hui. Sans sexe, la diversité extraordinaire du vivant n'existerait pas. Il y a là une force biologique excessivement puissante qui peut mener à des actes souvent incompréhensibles par la raison mais qui représente pourtant le moteur de la vie animale. Par cet aspect biologique, le sexe nous rappelle sans cesse notre animalité sans que nous puissions nous en défaire. Quoique que nous fissions, l'homme désirera toujours la femme et la femme se complaira dans le désir de l'homme.

Dès l'émergence de sa conscience, l'homme a cherché à transcender ce désir sexuel qui le ramenait à l'état animal. Certaines religions, en particulier en Inde à la fin du premier millénaire, ont développé des cultes dans lesquels la sexualité était proposée comme voie spirituelle de réalisation de soi. Aucune civilisation n'a autant que l'Inde souligné les valeurs du corps dans son essence, sa genèse…et par là-même autant mis en avant les vertus du désir sexuel. L'Inde a dans sa culture toute une philosophie de l'amour et une métaphysique de la chair. Cela se répercute dans ses créations artistiques : sa peinture avec les miniatures suggestives des positions du Kâma-Sûtra, les fresques et sculptures des temples hindous, etc.

D'autres religions, en particulier les religions de la bible, se sont au contraire appuyées sur ce désir animal qui asservit l'homme pour faire ressortir la divinité de l'âme pure sensée l'habiter au sein de sa conscience. C'est le mythe de la pomme : le péché de la chair est insupportable pour un être conscient qui veut se distinguer de l'animalité brute et stupide. C'est bien sûr Eve, la femme, qui la première s'est laissée tenter de goûter à la pomme et a ensuite incité l'homme, Adam, à faire de même. La pomme symbolise ici l'acte sexuel, mais le point essentiel est que c'est la femme qui provoque le désir auquel Adam ne peut résister. D'où ce mépris de la femme qui est resté au cœur des grandes religions de la bible. Le sexe représente ici une force irrésistible qui ramène l'homme à l'état animal, ce que ne peut supporter la conscience qui cherche au contraire à s'en extraire par tous les moyens culturels à sa disposition.

Dans cette interprétation, le Paradis représente la vie animale, innocente, pure, libre de tout souci spirituel. Quand l'homme a été chassé du Paradis, il a acquis une conscience, la conscience du bien et du mal, et avec cette conscience l'angoisse d'exister. On retrouve là le fossé vertigineux entre la conscience et l'animalité de l'homme. Un dualisme qui est au cœur de ce qu'on appelle l'amour : d'un côté, la puissance du désir sexuel dont on n'est pas maître, de l'autre l'amour spirituel qui se réalise dans la communion de deux esprits. L'amour animal qui répond au besoin sexuel de l'espèce s'oppose ainsi à un amour où l'esprit règne en maître, un amour libre de toute contrainte physique, un amour dont l'origine est la conscience même. L'amour absolu, l'amour « pur », c'est celui dont rêve les jeunes filles tout comme les jeunes garçons. Un tel amour est souvent en conflit ouvert avec le désir sexuel, l'amour animal, qui emporte toute velléité de résistance et surtout emprisonne. Bien sûr ce dualisme reste flou : parfois les deux se superposent, entraînant alors l'amour parfait, celui dont tout le monde rêve au fond de lui-même.

Les religions de la bible ont vu dans cette puissance du sexe une dépendance insupportable de l'esprit. D'où d'ailleurs ce besoin de punir les femmes du désir que les hommes en ont en les asservissant, en cherchant à réduire leur liberté de jouir dans le plaisir du sexe. En étouffant les femmes, la religion cherche à sublimer le besoin sexuel des hommes afin d'élever leur esprit vers la transcendance de Dieu. A l'homme seul est donné le pouvoir de servir Dieu, la femme n'a le droit que de servir l'homme, elle doit rester confinée dans sa condition de pécheresse comme Marie-Madeleine ! Ainsi dans une église et encore plus dans une mosquée, une femme doit être couverte de la tête aux pieds afin de ne pas susciter ce désir animal que l'homme ne peut pas contrôler. L'esprit refuse cette animalité, son seul souhait est de la sublimer. Ce fut la démarche de nombreux mystiques, ermites ou moines.

La libération de la femme est la plus visible manifestation de cette réhabilitation du corps. La religion avait créé une fracture entre le corps et l'âme qui était sensée l'habiter, avec son effacement cette fracture se résorbe laissant sa liberté au plaisir sexuel. Cela se traduit d'ailleurs par la disparition des carrières monacales, les abbayes ferment ou deviennent des musées, personne n'est plus intéressé par un tel retrait de la société. Il n'est plus question de martyriser son corps pour mieux en extraire l'âme qui se cache dedans ! Au contraire nous cherchons désormais à faire exprimer à ce corps tout ce dont il est capable, que ce soit dans des expériences sexuelles les plus aventureuses ou par utilisation de drogues psychédéliques ou dans le sport. Nous vivons une civilisation du corps.

Cela se traduit aussi par cette liberté amoureuse que connaissent aujourd'hui les jeunes. La disparition progressive du mariage et de son concept de sacrement en est une conséquence évidente. On se met en couple simplement parce qu'on se sent bien ensemble et si cette impression se confirme, on démarre une famille. Faire l'amour fait partie des plaisirs du corps et quand ça vient, quand l'occasion se présente, pourquoi ne pas en profiter ! C'est là une expression naturelle du corps qu'il serait aujourd'hui absurde de réprimer. Si le mariage tombe en désuétude, c'est précisément pour cette raison, le mariage étant sensé marquer par un engagement solennel la consommation tant attendue du désir mutuel. L'acte d'amour étant considéré comme un acte de procréation, les rites religieux le confinaient dans un cadre moral strict, concept que l'individualité émergente de la conscience ne supporte plus. Un tel engagement avait peut-être un sens dans le cas de mariages arrangés, hors de tout amour ou même de désir physique, il s'agissait alors d'un contrat matrimonial passé entre deux familles, mais aujourd'hui il apparaît inconcevable de séparer la spiritualité de l'amour du désir physique. L'un va nécessairement avec l'autre et si l'un ou l'autre ne convient plus, le couple se sépare.

Cette libération des mœurs modifie la morale jusqu'alors imposée par le religieux. Des règles nouvelles émergent constituant petit à petit une nouvelle culture, la culture du corps. Des actes autrefois réprimés sont aujourd'hui admis et même normalisés. Qu'il semble loin le temps où la morale limitait la pulsion sexuelle à la simple procréation ! Et pourtant c'était hier ! Je me rappelle encore quand, enfant, je devais subir la confession hebdomadaire auprès de l'aumônier du lycée, confession qui incluait nécessairement un aveu sur des pensées dites « honteuses » dont je ne comprenais pas encore bien le sens ! Inimaginable aujourd'hui ! Le sexe est devenu un élément essentiel dans la culture du corps, l'inavouable a disparu.

Une nouvelle vie apparaît désormais, une vie plus libre. Il n'est plus question de se laisser imposer une morale sexuelle au nom que quelque croyance que ce soit et surtout pas de martyriser son corps sous prétexte qu'on n'arrive pas à maîtriser son animalité ! D'une certaine manière on assiste ainsi aux retrouvailles du corps et de l'âme, mais cette retrouvaille n'est pas rétrograde, au contraire. Aimer son corps, cultiver ses possibilités physiques, profiter de tous les plaisirs qu'il peut fournir jusqu'à finalement considérer le sportif comme une idole, n'est-ce pas là retrouver la philosophie grecque antique ? Quoiqu'il faille sans doute moduler cette appréciation : la culture du corps que pratiquaient les Grecs avait une connotation religieuse alors qu'aujourd'hui le corps est plutôt considéré comme une machine dont on attend un rendement efficace et le plus de plaisirs possibles !

Cette nouvelle façon de voir son corps comme une machine à la disposition d'une volonté consciente dont le principal désir est de mieux vivre prend sa source dans l'urbanisation frénétique de l'homme. Le chasseur et le fermier connaissaient la vie animale comme une source d'approvisionnement de nourriture, le fermier donnait un nom à chacune de ses vaches, il s'intéressait à leurs caractères et cherchait en s'en faire des amis afin d'obtenir une meilleure coopération dans leur vie commune, le chasseur faisait de l'éthologie par nécessité, sachant qu'une bonne chasse ne réussit qu'en connaissant les habitudes de ses victimes potentielles. Aujourd'hui la majorité de la population a migré dans les villes, la source de la nourriture est le supermarché avec ses produits déjà tout préparés et bien enveloppés. Ces objets de consommation ne rappellent en rien la nature vivante d'où ils proviennent. Comment en effet peut-on avoir une idée de l'histoire que cache un morceau de viande bien empaquetée dans du plastique ? Il y avait pourtant un animal derrière, un être vivant qu'il a fallu élever puis conduire à l'abattoir. Un être vivant dont la conscience est limitée à l'immédiateté et qui ne connait pas le temps bien sûr, mais un être qui participe au processus de la vie comme tout animal dont l'homme fait partie.

Avec l'urbanisation, un fossé s'est créé entre l'homme et la nature, l'homme citadin voit la nature comme un espace de détente et oublie qu'il est lui-même un animal parmi d'autres. Cela change la vision que l'esprit a de son corps, ce n'est plus quelque chose de méprisable parce que vu comme un corps animal dénué de conscience : au contraire, le corps est désormais reconnu capable de nourrir l'esprit en devenant source de plaisirs toujours plus vivaces, plus violents, plus extrêmes. Il faut donc en profiter au mieux tant que c'est possible ! Ensuite ce corps sera mis au rebut dans une maison de retraite et l'esprit qu'il héberge s'endormira peu à peu en perdant la notion du temps.

LA FINITUDE DE L'UNIVERS

L'art, comme la recherche poétique, laisse des traces et ce sont ces traces qui font penser que l'univers ne peut pas être vide, livré au hasard, sans but. Ce sont ces traces qui introduisent cette notion essentielle d'un univers en devenir permanent, un univers en perpétuel état de transition vers un toujours-plus-être.
Jean Onimus
La béance du divin

LA CONSCIENCE FACE A LA FINITUDE DE L'UNIVERS

La plus grande innovation dans l'histoire de l'homme n'est pas l'outil de pierre ni la lame d'acier mais l'invention de l'expression symbolique dont on trouve les premières traces dans l'art pariétal.

La découverte de la finitude du monde à l'échelle humaine représente quelque chose d'insupportable. La Terre semble devenue trop petite, elle pourrait bientôt n'être plus capable de supporter l'expansion massive de cette espèce envahissante que représente l'homme. Emigrer vers d'autres planètes n'est pas imaginable dans l'état actuel de nos connaissances. Alors est-ce le mur ? Sommes-nous en prison ? Avons-nous perdu toute perspective ? Sommes-nous condamnés à simplement jouir du moment présent sans même penser à préserver les ressources pour nos descendants ?

Si l'homme créateur a réussi à se libérer des contraintes imposées par les croyances qu'il a lui-même inventées, il n'a toujours pas de réponse à la fameuse question transcendantale ! Celle-ci revient encore et encore avec plus de force : *à quoi sert-on ? Que faisons-nous là ? Pourquoi sommes-nous là ? Pourquoi y-t-il quelque chose plutôt que rien ?* Devant ce vide apparent, la conscience s'exaspère. Elle cherche désespérément une raison d'exister, un but. Cette exaspération se reflète dans l'art actuel, un art qui cherche l'extrême et où le concept de beauté doit s'appréhender selon de nouveaux canons souvent difficilement accessibles. Il s'agit d'éveiller les consciences, de leur mettre la question sous les yeux ; pour cela l'art torture la beauté dans une recherche parfois absurde.

Cette prise de conscience de la finitude du monde est, je crois, un corollaire de l'effondrement du religieux couplé avec l'accélération vertigineuse du temps. Imaginez seulement la vision de l'homme il y a deux ou trois siècles. Ou mieux encore à l'époque de l'empire romain ou encore plus loin en arrière à l'homme des cavernes. Pour ces gens-là le monde était tout simplement statique, immuable, hors du temps. Encore au 17ème siècle, la théorie de la gravitation d'Isaac Newton formalise le mouvement des planètes et dévoile un système cosmologique intemporel dans lequel le temps représente une référence absolue. Il aura fallu d'autres révolutions scientifiques, comme l'introduction de la théorie de la relativité et la découverte de la mécanique quantique, pour que le temps acquière une dynamique et devienne un élément créateur.

L'homme préhistorique devait voir la Terre comme un monde sans fin. Ses migrations lui faisaient découvrir de nouveaux territoires de chasse, c'était l'aventure dans une nature hostile où il fallait se méfier de tout. Plus tard, avant Aristote, la Terre était plate, sans bord, infinie. Puis cette croyance fut contredite par les observations astronomiques et le modèle d'une Terre sphérique s'imposa. Devenue ronde, il fallut encore qu'elle perde son statut de centre de l'univers pour finalement être ramenée à un minuscule point perdu avec son étoile dans un coin de la Voie Lactée parmi des centaines de milliards d'autres étoiles. Ce n'était pas fini, il a encore fallu découvrir que notre Voie Lactée n'était qu'une galaxie perdue parmi d'autres centaines de milliards d'autres galaxies. Et encore ce n'est que l'univers observable, celui dont les confins sont déterminés par l'âge de la lumière que nous recevons. Sur l'univers réel, nous ne pouvons faire que des hypothèses, mais on peut l'imaginer fantastiquement grand !

Peut-être est-ce en réaction à cette immensité fabuleuse que, à l'échelle de l'homme, l'univers semble se rapetisser. Nous avons bien réussi à atteindre la Lune et peut-être un jour Mars, mais il y a peu d'espoir que nous accédions un jour à des planètes hors du système solaire. Tous ces amas de milliards d'étoiles et de planètes semblent inaccessibles à notre génie. Plus nous prenons conscience d'un univers toujours plus grand, plus nos perspectives de conquête se réduisent ! Notre univers atteignable se rapetisse !

J'imagine la volonté qu'il a fallu à Christophe Colomb quand il a fait voile sur l'océan Atlantique en espérant trouver un nouveau passage vers les Indes. Jamais personne dans les milieux fréquentés par Colomb ne s'était encore risqué dans une telle entreprise. Et que dire des premiers hommes qui commencèrent à cultiver des champs de blé sur la presqu'île de Manhattan ? Pouvaient-ils imaginer ce que leurs fermes et leurs vaches allaient devenir ? Cette recherche de l'aventure, cette volonté de conquête, ce besoin de s'approprier toutes les ressources de la Terre, c'est bien une caractéristique de l'homme qui le distingue définitivement de l'animal.

L'époque des grandes conquêtes fut certainement une époque fabuleuse. Des territoires nouveaux étaient découverts, conquis, colonisés. C'était l'époque où l'Occident commença à inventer la croissance au détriment des autres peuples que leur culture condamnait à l'immobilisme. La révolution industrielle qui suivit fut déterminante pour assurer le succès et conséquemment le déferlement de la vague occidentale sur le reste du monde. A ce moment-là dans l'histoire des hommes, les ressources de la terre apparaissaient infinies. Il suffisait d'inventer la façon de se servir, on prenait ce qu'on voulait, ce fut l'immense succès de la période industrielle. Avec la découverte de l'électricité, du charbon puis enfin du pétrole, l'homme avait à sa disposition une énergie abondante, son ingéniosité se démultipliait, tout semblait possible !

Pourquoi cette révolution industrielle est-elle survenue en Europe et non pas en Asie par exemple ? Pourquoi l'Occident a-t-il ainsi réussi à imposer son modèle et ses valeurs au reste du monde ? Le christianisme, source de créativité, a certainement joué un rôle dans ce processus, par rapport à d'autres civilisations. En séparant définitivement le spirituel et du temporel, en libérant la pensée créatrice des contraintes d'un texte sacré, incréé pour certains, il a permis à la raison de se développer en dehors de toute contrainte dogmatique. En ouvrant la conscience au concept de libre arbitre, il a initié le moteur sous-jacent à toute révolution, il a libéré l'homme des coutumes et des traditions, il a permis l'individualisme qui a incité l'homme à remettre en question ses connaissances, suscitant ainsi un esprit de conquête, de dépassement de soi. Ce fut sans doute l'apport principal de Saint Augustin lorsqu'il il déclara l'homme responsable de lui-même tandis que l'islam préfère tout mettre sur le compte de Dieu, introduisant ainsi un fatalisme réducteur ! Le christianisme est ainsi à l'origine de l'humanisme, concept qui met l'homme au centre de tout en lui donnant une valeur. Paradoxalement c'est ce concept d'humanisme qui a permis à la raison de se libérer des contraintes imposées par la religion et a favorisé la recherche de nouvelles connaissances hors de toute croyance. L'homme occidental, par son humanisme, ses découvertes et ses inventions, a ainsi pris possession de la Terre entière en imposant sa culture, son économie, ses valeurs démocratiques.

Après Christophe Colomb, d'autres hommes se lancèrent dans de grandes expéditions navales et terrestres, des immenses territoires furent conquis et occupés jusqu'à ce qu'on finisse par connaître le moindre recoin de la Terre. Même les pôles furent atteints aux prix d'efforts insensés à une époque où on n'imaginait pas les possibilités techniques d'aujourd'hui. Mais il fallait être le premier, poussé par l'esprit de compétition inhérent à la nature humaine. Oui, vraiment cette époque fut l'époque des mirages, la Terre s'offrait à ceux qui rêvaient d'aventures, tout semblait possible. Ce fut aussi l'époque des grandes inventions, l'ingéniosité humaine semblait sans limites.

Ainsi au fil des découvertes, la Terre perdit son mystère. Elle se rapetissa ! Le développement des transports, l'avèncment de l'avion, l'explosion des télécommunications ont mis chaque point de la Terre presque à portée de main ! Le rétrécissement de notre Terre n'a pas éteint pour autant cette volonté de découvrir, de s'approprier le monde. La volonté d'aventure demeure, mais la Terre devient trop petite ! Il faut chercher ailleurs pour satisfaire ce besoin de conquête qui ne s'étouffe pas facilement. D'ailleurs sans l'expression de ce besoin, la conscience ne pourrait plus vivre. Comment pourrait-on se passer du pouvoir enivrant de découvrir, de connaître de nouveaux savoirs ? L'homme, dès le moment qu'il a acquis une conscience, a toujours voulu maîtriser la nature et non plus en être dépendant, même si cela reste un rêve jamais réalisé !

C'est à un tel point que l'on a monté la fameuse expédition sur la Lune pour un coût faramineux. Un challenge politique sans doute, juste pour marquer le coup à l'époque de la guerre froide, mais quand même cela trahit ce besoin de conquête inhérent à l'homme, même si l'intérêt scientifique reste finalement discutable. D'ailleurs l'attrait de la Lune s'est éteint aussi vite qu'un feu de paille et la fameuse phrase prononcée par Neil Armstrong en débarquant sur le sol lunaire « un petit pas pour l'homme, un grand pas pour l'humanité » sonne creux aujourd'hui. La Lune reste inhabitée et les retombées scientifiques sont maigres par-rapport au prix payé. D'ailleurs tous les appareils techniques utilisés pour cette conquête, la fameuse fusée Saturne, tout comme le vaisseau Apollo et le module lunaire d'atterrissage, ont été mis à la décharge dès la fin du programme ! La seule version qui demeure du vaisseau Apollo est désormais figée dans un musée à Washington.

On rêvait alors de coloniser l'univers, la prochaine étape était Mars, mais il a bien fallu revenir à des projets plus réalistes, plus concrets, comme envoyer de simples sondes ou des robots explorateurs. Débarquer sur Mars coûterait très cher pour un intérêt discutable, quant aux autres planètes hors du système solaire, éventuellement habitables, que nous commençons à découvrir en étudiant les déformations des rayons lumineux qui les frôlent, elles sont tout simplement inaccessibles en l'état actuel de nos connaissances. Les distances à parcourir dépassent largement l'échelle de notre temps de vie.

Paradoxalement autant le monde tel que nous le voyons, c'est à dire celui où l'homme s'est développé avec tant de succès, apparaît aujourd'hui petit, fermé sur lui-même, autant l'univers réel devient démesuré. D'abord cet univers croît sans cesse à une vitesse toujours plus grande. Plus les étoiles sont loin de nous, plus leur vitesse d'éloignement s'accélère ! Ensuite les derniers modèles théoriques montrent qu'il y a vraisemblablement une infinité d'univers, chacun différent parce que créé avec des conditions initiales autres que celles qui sont à l'origine du nôtre.

Il y a là une absurdité apparente : plus l'univers s'ouvre à notre connaissance, plus notre espace de vie semble se rétrécir ! Cet immense univers, dont nous découvrons l'histoire en observant des flux de photons très anciens parce que venus de lointaines galaxies, nous enferme de plus en plus sur notre petite Terre. La minuscule partie éventuellement accessible de cet univers, c'est notre système solaire. Il n'est pas question d'en sortir et à l'intérieur de ce système solaire, les autres planètes semblent trop hostiles pour abriter la vie même si certaines comme Mars ont pu l'abriter il y a quelques millions d'années. Pourtant notre espèce biologique croit sans cesse, elle atteint déjà 7 milliards d'hommes, peut-être 10 milliards d'ici la fin du siècle. Limités à notre planète Terre, nous sommes obligés de constater qu'elle devient trop petite pour supporter la croissance de l'espèce humaine ; à trop l'exploiter nous la polluons et l'asséchant de ses ressources vitales. Il faut désormais la soigner comme on soigne son jardin si on veut la maintenir habitable pendant encore quelques milliers d'années.

Il y a un abîme entre ces deux visions, celle de notre minuscule monde désespérément fini où nous vivons et celle d'un univers peuplé de milliards d'étoiles dont chacune s'éloigne de plus en plus vite de l'autre.

Clairement la religion dont l'objectif était d'adoucir la peur existentielle de l'homme ne suffit plus face à une telle découverte, des barrières cèdent, les rites se ridiculisent, les croyances ancestrales s'estompent et le vertige que nous ressentons nous entraîne bien au-delà de ce que pouvaient imaginer les Pères de l'Eglise au début de l'ère chrétienne.

Mais plus que le vertige procuré par les connaissances que l'homme a acquises sur l'univers et plus que les dangers d'une exploitation déchaînée des ressources terrestres dont nous connaissons désormais les limites, c'est l'urbanisation de l'homme qui a tout bouleversé. Il y a seulement quelques siècles, la société était essentiellement rurale, les saisons et les fêtes religieuses cadençaient le temps, les enfants reprenaient le travail des parents, tout se répétait, le futur semblait sans fin. C'était l'éternel retour…

Le développement économique a poussé les gens dans la ville et ce faisant les a mis au cœur de la dynamique de la civilisation. Nous sommes là en présence d'un fait majeur qui a profondément modifié la vision que l'homme peut avoir de lui et des autres, c'est à dire sa conscience. L'urbanisation, la vie en société organisée, est un phénomène propre à l'homme, il n'a rien à voir avec la vie sociale des hyménoptères ou même d'un groupe de primates. Il y a dans l'urbanisation humaine une force spécifique décidément distincte de sa base biologique et cette force, c'est la culture et sa conséquence, la conscience.

La nature humaine possède deux aspects fondamentalement différents l'un de l'autre : le premier est de nature biologique, c'est la partie animale de l'homme qui procède des règles génétiques. Le deuxième est la conséquence du développement de l'art de concevoir[17], c'est à dire la capacité à avoir un comportement culturel hautement malléable. C'est ce deuxième aspect qui a permis le développement du corps mémoriel qui est au cœur du phénomène de la conscience. On touche ici le cœur du débat : l'échange et le partage de l'information constituent le cœur de la créativité humaine : c'est la source de l'évolution de la conscience indépendamment de l'évolution biologique de l'espèce. L'éparpillement des gens dans la campagne ne permettait pas la communication culturelle qu'autorise la ville surtout à l'époque où la télévision n'existait pas encore, l'économie était une économie rurale, centrée sur le village. L'urbanisation a permis un accroissement spectaculaire de l'économie. L'effet de boule de neige s'est ensuite amplifié au point qu'une panne de croissance pourrait mettre en question le modèle économique actuel. Il est d'ailleurs probable que ce modèle évolue de lui-même sous la pression des événements en se libérant du facteur croissance économique au profit d'autres paramètres, d'autres valeurs.

Mais l'urbanisation a aussi eu des conséquences sur le mode de vie. Elle a coupé l'homme de la nature où il vivait, lui faisant petit à petit oublier son animalité. Comment percevoir le divin qui est le fondement des religions quand tout devient artificiel, modelé par l'homme pour son propre plaisir. La vision de la nature aussi a changé, elle devient un lieu de loisirs et doit s'adapter à cette fonction ; d'ailleurs l'homme n'hésite pas à la modeler, la martyriser à cet effet. Vous n'avez qu'à visiter une station de ski par exemple pour comprendre ! Je connais un petit vallon adorable dont l'accès est (ou plutôt était) défendu par une gorge étroite où coulent les avalanches de neige. Mon père

---

[17] On pourrait appeler cet art ingénierie. L'ingénierie a émergé avec la fabrication des premiers bifaces de silex, il y a deux millions d'années.

me parlait de son émerveillement quand, après avoir peiné dans cette gorge sauvage, on débouchait sur ce petit vallon. Aujourd'hui il ne reconnaîtrait rien de ce qu'il a aimé ! Le vallon est tout bouleversé, les arbres arasés, les pentes redessinées, tout cela pour les besoins du ski !

La nature est devenue un objet manipulable, contrôlable au point qu'on se demande parfois comment cela se fait-il que l'homme n'ait pas encore acquis la technologie adéquate pour maîtriser la météorologie. Quoi de plus insupportables que ces cyclones qui bouleversent notre espace de vie ! Même la pluie devrait pouvoir être fournie à la demande ! Notre génie ne supporte plus ces phénomènes incontrôlables, au diable la contingence, la nature doit se soumettre à notre volonté ! D'ailleurs c'est sans doute ce qui arrivera un jour…

Avant cette urbanisation folle, la nature nous commandait et nous obéissions. A présent l'ordre est inversé, c'est nous qui voulons imposer notre volonté. Ce changement de paradigme a une conséquence : nous sommes appelés à nous créer de plus en plus nous-mêmes.

Ce sentiment de dominer la nature a conduit l'homme à s'identifier comme un être à part, supérieur à tout ce qui existe, capable de conquérir tout ce qui semble inaccessible. L'homme est devenu créateur, désespérément créateur, follement créateur. Cette volonté de création l'a entraîné dans une spirale infernale. Plutôt que de répéter d'une génération à l'autre les mêmes gestes, l'homme a investi tous les domaines où son intelligence pouvait s'exprimer, aussi bien la recherche scientifique que la création artistique. L'accélération de cette force de création l'a alors poussé à se libérer des dogmes anciens sensés gouverner la vie de génération en génération. Ainsi plutôt que de confiner l'art dans la représentation de symboles représentant la soumission à un monde considéré comme divin, l'homme a fait sauter les barrières permettant ainsi à son imagination d'accéder à tous les excès.

Aujourd'hui l'homme a envahi toute la terre au détriment des autres espèces (animales ou végétales). L'effet créateur suscité par cette conquête transforme la partie culturelle de son cerveau, celle qui ne dépend pas de l'évolution biologique, et lui fait prendre conscience d'une liberté jamais atteinte jusqu'alors. Avec cette prise de conscience, les dieux n'ont plus raison d'être, ils tombent tout simplement en désuétude.

Mais alors comment combler ce vide spirituel laissé par l'effondrement du religieux ? Chacun cherche à sa façon et cela dépend bien sûr de la culture qu'il a reçue en héritage. Imaginons seulement un enfant de la ville, un enfant des quartiers, un enfant livré à lui-même dans un cadre de vie où le religieux n'intervient plus ou alors sous la forme de sectes primaires.

Cet enfant n'a connu que le béton des immeubles, les rues poussiéreuses parsemées de maigres arbres assoiffés, les caves dont l'air lourd et sale vous colle à la peau. Dans ce monde fermé sur lui-même, le ciel n'existe pas. Lucas ne connaît pas les étoiles, il ne peut pas les voir, elles restent cachées par l'éclairage de la ville. Ainsi il ne sait rien de l'infini insondable qui se découvre la nuit quand la lune n'est pas encore apparue et que le ciel, noir comme de l'encre, fait scintiller les étoiles par myriades. Même la lune reste pour lui comme un meuble dans le ciel, jamais il n'a essayé de l'observer lorsqu'elle est pleine, toute ronde et que son rictus trahit des choses que seuls les enfants savent déchiffrer.

Dans ce monde sans perspectives, Lucas a longtemps cherché une raison de vivre. Des études sans joie l'ont laissé au bord du chemin. Il a alors erré entre de futiles travaux et quelques brigandages sans importance. Une révolte insidieuse gronde au fond de lui-même, la société des hommes lui apparaît dépourvue de sens, qu'a-t-il à faire dans une telle prison ?

Il a essayé la drogue comme tous les jeunes qu'il côtoie, mais sans obtenir un résultat probant. Il est seul face à un monde obscur, entouré de murs épais, il ne voit aucune sortie possible de cette espèce de prison dans laquelle il se trouve. Il voudrait croire en « quelque chose », construire avec l'aide de ce « quelque chose », percer enfin le mur qui l'enferme grâce à ce « quelque chose ». Pourtant ses appels désespérés restent sans réponse et il continue à tourner inlassablement en rond dans sa prison virtuelle.

C'est comme cela qu'on voit des jeunes comme Lucas plonger dans le bain haineux et sectaire du fondamentalisme religieux, cherchant par-là à se démarquer par-rapport à cette société qui les rejette. Le fondamentalisme lui apporte une idéologie pseudo religieuse, une camaraderie de combat qui lui donne l'impression d'exister enfin. Le développement de l'extrémisme dans ces milieux est un bon exemple de ce processus, il n'est finalement que l'hystérisation malheureuse de la fin du religieux.

Pourtant, tout au fond de la conscience de cet enfant, enfoui sous des couches d'endoctrinement, il y a un désespoir d'être que personne ne comprend.

Est-ce un tel héritage que nous allons laisser à nos enfants ? Des enfants que nous avons élevés dans un esprit ouvert, sans aucune contrainte et surtout pas religieuse. Justement c'est dans cette ouverture que se situe la fracture de notre spiritualité, dans cette liberté acquise par le développement démesuré des réseaux d'échanges. La nostalgie de la simplicité d'antan n'est pas d'actualité, notre monde se complexifie de plus en plus vite à travers des réseaux neuronaux virtuels, il faut apprendre à vivre avec.

L'art moderne exprime cette fracture. C'est un art déchiré qui cherche à bousculer les canons de l'art classique considérés comme des freins. Ce faisant, il donne l'impression de s'extraire de la protection de la beauté comme le papillon de sa chrysalide, il découvre ainsi l'ivresse de la liberté hors de toute contrainte. Il ne cherche plus à effleurer le divin en approchant de la perfection, ses œuvres veulent désormais éveiller, bousculer la pensée, la pousser hors ses retranchements et la faire ainsi sortir de son confort douillet. Cet art montre ici le signe essentiel d'une profonde évolution de la conscience humaine. C'est une évolution culturelle, morale, spirituelle dont l'homme ne maîtrise ni le processus, ni le but, tout juste en se retournant peut-il en voir la trace. Chacun à son niveau, apporte une contribution, même le pauvre Lucas. C'est en participant à cette évolution que notre conscience se développe et s'élève au-dessus des contingences animales du corps.

Cet état des lieux que nous venons de brosser laisse apparaître une évolution culturelle majeure de l'homme et ceci indépendamment de son évolution biologique, laquelle suit un autre temps. Un homme nouveau est en train de naître, un homme créateur, un homme qui se veut maître de lui-même, dominateur et dont le potentiel défit le sens. Pourtant il apparaît si faible, si petit face aux défis que pose désormais le monde. Le religieux ne peut plus rien pour lui. Les dieux se sont évaporés, sublimés, anéantis devant l'émergence de cet homme nouveau, l'homme créateur. Mais cette évaporation des dieux, plutôt que laisser un vide angoissant, ouvre de nouveaux horizons. Des barrières s'effondrent, des créations inimaginables à l'époque où les dogmes imposaient leurs lois deviennent possibles, la recherche scientifique nous pousse vers les confins de l'univers et emballe notre soif de savoir. Nous vivons là une mutation fondamentale dont les perspectives donnent le vertige et dont il est bien sûr impossible de seulement imaginer les conséquences.

L'évolution culturelle se fait dans un bouillonnement de créativité où seul, apparemment, le hasard domine. Car il ne faut pas se faire d'illusion, malgré notre volonté de tout maîtriser, nous ne maîtrisons rien, nous n'anticipons rien ! Qui aurait imaginé, il y a seulement vingt ans, l'invention d'Internet et son pouvoir de communication ? C'est pour cela qu'il est difficile sinon impossible de prévoir le devenir de l'humanité. Seules les générations futures pourront constater le résultat de la créativité humaine, elles se désoleront alors de l'inconséquence ou se féliciteront de la prévoyance des générations précédentes sans se douter que celles-ci n'y sont pour rien !

En l'état actuel des connaissances, il est facile d'imaginer la fin de la civilisation tout simplement parce que la Terre va s'épuiser par manque de ressources. L'homme lui impose des besoins toujours plus importants sans trop se préoccuper de la dégradation qu'il provoque inéluctablement. Il y a des faits incontournables sur lesquels butte le développement de l'humanité. Par exemple il apparaît tout simplement impossible que tous les pays rattrapent le niveau de vie des pays occidentaux, il faudrait deux ou trois Terres pour cela ! Il semble que la poursuite de la croissance telle que nous la chiffrons aujourd'hui ne peut conduire qu'à une impasse, sans parler de l'expansion incontrôlée de la population humaine.

On pourrait voir dans cette impasse, dans cet épuisement prévisible de notre planète, une finitude et imaginer la disparition progressive de l'espèce humaine. Ce serait une erreur. L'hypothèse d'un l'épuisement prochain de notre planète ne tient pas compte du pouvoir créateur de l'homme. Les ressources consommées ne seront plus les mêmes demain, nous évoluons vers un système informationnel où les services comptent plus que la matière. Des signes laissent présager cette évolution comme les mines de charbon qui disparaissent ou les aciéries avec leurs hauts fourneaux qui ferment. D'autres techniques, d'autres ressources apparaissent que l'on n'envisageait pas auparavant, des solutions se préparent dans les laboratoires de recherche que l'on est incapable encore d'imaginer. Et surtout l'interconnexion humaine se développe de façon vertigineuse. Les réseaux sociaux en sont un des éléments, mais ce qui compte pour la Recherche, c'est le système informationnel mondial qui met à disposition des chercheurs et des penseurs toute l'actualité scientifique et sociale en quelques clics.

C'est dans ces mutations que l'homme créateur prend tout son sens, des mutations dont nous ne pouvons pas prévoir les conséquences à long terme. Demain ne sera pas comme aujourd'hui, il est vain de vouloir évaluer des perspectives sur la base de tendances statistiques, cela ne peut que conduire à de faux jugements.

L'UNIVERS EST-IL ANTHROPIQUE ?

Bien qu'il y ait eu d'autres lignes d'évolution à côté de celle qui conduit à l'homme lui-même, on peut dire, en se tenant très près de l'expérience, que c'est l'homme qui est la raison d'être de la vie sur notre planète.
Henri Bergson
Les deux sources de la morale et de la religion

The beginning of the 21st century is a watershed in modern science, a time that will forever change our understanding of the universe. Gradually physicists and cosmologists are coming to see our ten billion light years[18] as an infinitesimal pocket of a stupendous magaverse. At the same time theoretical physicists are proposing theories which demote our ordinary laws of nature to a tiny corner of a gigantic landscape of mathematical possibilities.
Leonard Susskind in "The Univers" (by John Brockman)

On parle d'univers anthropique en cosmologie pour exprimer la probabilité infime qui a permis la création d'un univers habitable par l'homme. Il a fallu effectivement qu'un certain nombre de paramètres physiques aient une valeur incroyablement précise pour permettre à la vie d'éclore sur notre planète. Une modification minime de l'un de ces paramètres aurait conduit à un autre univers complètement différent et certainement pas habitable par le vivant tel que nous le connaissons et dont nous faisons partie. Cet ajustement fin des constantes universelles laisse

---

[18] Date estimée de la création de notre univers (théorie du Big Bang).

penser que les lois physiques de notre univers ont été créées juste pour permettre à la vie d'apparaître. Evidemment on peut supposer simplement que le hasard fait bien les choses ou encore de façon plus concrète qu'il existe une infinité d'univers ce qui rend la création de notre univers particulier beaucoup plus probable, cette dernière hypothèse étant le résultat des derniers modèles mathématiques cosmologiques. Mais ce ne sont que des hypothèses qu'aucune observation ne peut étayer que ce soit l'une ou l'autre.

Une autre façon de voir est de considérer la nécessité de l'existence d'un univers anthropique. A quoi servirait un univers s'il n'était pas observable ? En effet sans l'apparition de l'homme et de sa conscience, personne ne serait là pour l'observer. D'où le besoin d'un univers anthropique.

Ainsi l'univers tel que nous le connaissons et l'existence de l'homme seraient intimement liés. La probabilité pour qu'il existe d'autres univers semblables au nôtre est quasi nulle, mais inversement, sans l'apparition de l'homme pour l'observer, cet univers improbable n'existerait tout simplement pas. Nous sommes observateurs et l'univers existe par notre observation.

Notre univers possède une histoire, il a un commencement, il a un futur, il a vraisemblablement une fin, mais il peut renaître indéfiniment... Cette histoire se déroule évidemment au temps cosmologique, un temps qui n'a rien à voir avec notre temps biologique, ce qui fait que l'univers nous apparaît immuable. Cette histoire, nous la découvrons en observant les ondes anciennes qui nous viennent du fin fond du cosmos. Ces ondes trahissent des événements passés et permettent de remonter jusqu'aux premiers instants de l'univers. C'est une histoire mouvementée qui débute par une explosion initiale dont l'énergie fantastique provient du vide, le Big Bang, suivie d'une inflation brève mais massive qui a permis la formation des étoiles puis des planètes. Ainsi parti de rien, l'univers s'est créé et continue à vivre et même de s'accroître de plus en plus vite selon la loi de Hubble[19] au milieu d'implosions d'étoiles ou autres catastrophes monstrueuses.

De cette histoire nous ne connaissons que quelques bribes. L'univers s'esquive devant l'observateur au fur et à mesure que ce dernier cherche à le comprendre ; sans cesse les savants travaillent à inventer de nouveaux modèles cosmologiques qui demeurent valides un temps mais qui finissent par se périmer au profit de nouvelles découvertes. Ainsi on a l'impression que l'univers se crée au fur et à mesure qu'on approfondit sa constitution, qu'on élabore des théories mathématiques de plus en plus sophistiquées pour tenter d'expliquer sa formation, qu'on découvre de nouveaux corps cosmiques, qu'on décèle de nouvelles planètes potentiellement habitables, mais en fait ce qu'on ne connaît pas encore n'existe pas, cela existera seulement lorsqu'on aura réussi à l'observer. Ainsi tout est relatif, l'univers n'existe que par l'observation qu'on en fait ou encore par l'écriture d'une formule mathématique qui le modélise.

Dans cette hypothèse, l'univers n'existerait pas à priori, il n'y aurait pas de théorème mathématique, de loi physique, d'objet céleste qui attendrait sagement que nous les découvrions. Notre monde serait simplement constitué par la partie observable de l'univers, au-delà il n'y aurait *rien* tant que nous n'aurons pas percé ce qu'il y a derrière ce *rien*. D'ailleurs les théories modernes sur l'origine de

---

19 En observant un décalage vers le rouge du spectre de plusieurs galaxies, Hubble a montré que celles-ci s'éloignaient les unes des autres à une vitesse proportionnelle à leur distance.

l'univers le voient naître de ce *rien*. Au départ il n'y a que du vide et c'est dans ce vide, parti de *rien*, que l'univers a commencé son inflation avec ce qu'on appelle le Big Bang ! Il a puisé son l'énergie dans le vide, les atomes sont nés de cette énergie, puis les étoiles, les galaxies, les planètes. On a ainsi l'impression que plus le *rien* est vide, plus il contient de l'énergie !

Quelle peut être la position de l'homme dans cet univers tel que nous le voyons aujourd'hui ?

Les grandes religions, du moins celles qui imaginent un Dieu transcendant unique, ont commencé par représenter la Terre au centre de l'univers. Dans ce contexte, Dieu devenait un roi tout puissant qui régnait dans les cieux. Le ciel représentait sa puissance et sa gloire, un ciel qui a toujours fait rêver par son immensité inaccessible, par sa beauté quand on l'observe la nuit et quand, le regard perdu dans les étoiles, le vertige vous envahit. L'homme a vite appris à donner des noms à toutes ces constellations dont il observait l'apparition au fil des saisons. Le ciel gouvernait la pensée et la conscience s'en satisfaisait.

Aujourd'hui ce Dieu transcendant a perdu ses cieux ! Il a été découvert que l'univers est spatialement homogène, c'est-à-dire que son apparence générale ne dépend pas de la position de l'observateur. On peut dire qu'il est isotrope en ce sens qu'il présente les mêmes propriétés physiques dans toutes les directions. En particulier cela signifie que la Terre n'occupe pas de position privilégiée dans l'univers, quel que soit l'endroit où on se place, on verra toujours le même fond diffus cosmologique qui reflète son origine. On ne sait pas si l'univers est fini ou non, mais curieusement nous vivons au centre d'un univers observable fini. En regardant de plus en plus loin, nous voyons des choses qui se sont passées à une époque de plus en plus ancienne, mais il y a une limite que nous ne pouvons pas dépasser. C'est simplement parce que la lumière ne se déplace pas à une vitesse infinie mais à la même vitesse dans toutes les directions, ainsi les observations des étoiles les plus lointaines que nous pouvons faire dessinent une limite sphérique dont nous sommes le centre. Cette limite sphérique est notre horizon cosmologique, il correspond à la première lumière émise à la naissance de l'univers, c'est à dire au moment du Big Bang, elle date de 13,7 milliards d'années. Il nous est impossible de voir plus loin, l'expansion de l'univers en mettant hors de portée visible toute une partie.

Dans cet univers homogène et isotrope, la Terre est une planète parmi des milliards d'autres, une petite planète dont la seule originalité est d'avoir permis l'émergence de la vie. Après l'apparition de la première bactérie, il a encore fallu un long processus biologique sur des millions d'années pour faire apparaître puis disparaître une multitude d'espèces du vivant et pour finalement donner naissance à l'espèce humaine. La lignée humaine serait apparue avec le genre homo il y a deux millions d'années. Elle aurait ensuite foisonné en différentes branches avant de déboucher, avec l'homme de Cro-Magnon il y a 40.000 ans, sur l'espèce actuelle, l'homo sapiens. A partir de ce moment-là, tout s'est emballé. Il n'a suffi que de quelques milliers d'années pour assurer la dominance définitive de l'homme sur la Terre. Il est clair que l'évolution biologique n'a rien à voir dans ce dernier processus. Avec l'émergence de la conscience, c'est une évolution de type culturel qui se met en œuvre et sa puissance est sans commune mesure avec l'évolution biologique qui elle navigue dans un autre temps.

Il est très probable que parmi les milliards d'autres planètes existantes, certaines peuvent offrir les mêmes conditions de vie. Nous ne sommes vraisemblablement pas seuls dans cet univers, d'autres êtres conscients ont certainement vu le jour et se posent les mêmes questions que nous-mêmes. Cependant ces êtres probables sont à jamais inaccessibles, leurs planètes se situant à des milliers d'années-lumière de notre Terre, à moins que la découverte d'une loi cosmologique révolutionnaire ne vienne bouleverser notre compréhension de l'univers et modifier les distances.

Notre univers semble donc avoir été créé tout spécialement pour l'homme, mais y a-t-il derrière cette création un dessein, une volonté, une direction ou ne doit-il sa création qu'au pur hasard ?

C'est une question qui n'a pas de réponse au niveau de compréhension acquis par l'intelligence humaine actuelle et n'en aura sans doute jamais. Il y a néanmoins un point qui ressort de notre réflexion sur la conscience, c'est que l'existence de notre univers et l'émergence de la conscience sont nécessairement liés. Ceci amène à la question fondamentale : *Pourquoi l'univers aurait-il besoin de l'homme ou plutôt de la conscience de l'homme ?*

D'abord il faut comprendre que la partie animale de l'homme n'a aucun intérêt dans la discussion, ce qui nous passionne ici c'est la conscience qui a pu se développer hors de son contexte animal, une conscience issue de l'aptitude computationnelle du cerveau à se mettre en réseau avec d'autres cerveaux avec comme conséquence la construction d'un corps mémoriel partagé. C'est sur la base de ce partage de l'information que l'homme a pu appréhender le passé avec ses histoires et élaborer un futur, processus qui a conduit à la conscience de soi

Cette conscience apparue en dehors de tout processus biologique nous pousse à observer, à chercher à comprendre le monde autour de nous. Si la Terre n'était peuplée que d'animaux sans conscience ou du moins limités à une conscience immédiate, rien ne serait.

L'éclosion de la conscience est donc une nécessité pour que l'univers existe. C'est à travers nous, notre conscience, que l'univers prend conscience de lui-même. Ainsi notre univers ne donne pas du sens à la vie, c'est la vie qui donne du sens à notre univers.

Ceci amène à se poser la question du concept d'existence pour l'univers. Quelle en pourrait être la signification ? En quoi l'observation de cet univers et sa compréhension par l'homme pourrait-elle être pertinente dans notre recherche d'une réponse à la *question transcendantale* ? Cette observation pourrait-elle être à l'origine d'une conscience spécifique, la *nooconscience* ?

Il a été observé que l'univers se dilate, que les galaxies et leurs étoiles s'éloignent les unes des autres à une vitesse qui augmente proportionnellement avec la distance qui les sépare (loi de Hubble). Cette dilatation de l'univers disperse de l'énergie et ainsi accroît son entropie. On a vu précédemment que l'accroissement de l'entropie cosmique pourrait être contrebalancé par la constitution des corps mémoriels. En rassemblant de l'information utile, en l'organisant et en la mettant à disposition en réseau, les corps mémoriels tendent en effet à faire diminuer l'entropie informationnelle sur la Terre. Et la Terre n'est sûrement pas unique dans ce processus, il y a certainement une infinité d'autres planètes sur-lesquelles la vie a pu se développer et qui y concourent. La mise en réseau de la pensée dans un système d'interconnexions interplanétaires jouerait alors un rôle majeur, peut-être vital dans le développement de l'univers, un rôle qui se décline en opposition par rapport aux lois naturelles qui poussent vers plus de chaos par augmentation de l'entropie énergétique.

Un tel réseau interplanétaire reste encore de l'ordre de la fiction. Il n'empêche que la première étape consiste nécessairement en l'émergence sur la Terre d'une *nooconscience* transversale par rapport aux consciences individuelles. Cette *nooconscience* ferait alors partie d'un dessein qui ne correspond aujourd'hui à aucun modèle mathématique mais qui se développerait dans le cadre de l'évolution de la *noosphère*, un dessein dont nous ne pouvons que sentir la force.

Mais qu'apporterait finalement cette hypothèse d'une *nooconscience* à cet univers qui fuit derrière nos efforts pour le comprendre ? Comment la possibilité d'une telle *nooconscience* pourrait-elle permettre à l'homme de trouver une raison concrète à son existence ? Comme de toute façon nous sommes incapables de la détecter, postuler sur son existence reste assez vain. Que pourrait-elle nous apporter si nous ne sommes même pas capables d'identifier son action ?

Nous avons vu que cette *nooconscience* émergerait d'une sorte de fusion des consciences individuelles qui participent à un corps mémoriel. En maîtrisant ainsi le pouvoir éparpillé que représentent les pensées et actions de chacun, en rassemblant et contrôlant toutes les informations générées par les sociétés humaines au fil de leurs histoires, la *nooconscience* pourrait alors être capable de générer une force vitale, indispensable pour donner une direction à l'évolution culturelle de la conscience humaine. Bien sûr, cette force vitale ne s'appliquerait pas à l'évolution biologique qui, on l'a vu, suit un autre temps et surtout est contingente.

Or à quoi sert la conscience si ce n'est à faire exister ? Et en l'occurrence c'est bien de l'univers dont il s'agit ici. C'est grâce à la question transcendantale que ce dernier existe ! Si nous ne nous posions pas la question « *Pourquoi y-t-il quelque chose plutôt que rien ?* », personne ne s'intéresserait à la constitution de l'univers, personne ne s'inquiéterait de son origine, personne n'admirerait sa beauté, personne ne chercherait à en connaître les lois fondamentales ! Or seule la conscience humaine sait poser cette question transcendantale.

Ainsi au-delà de la conscience individuelle, l'émergence d'une *nooconscience* planétaire fédérant une multitude de consciences individuelles serait cohérente avec ce besoin de connaissance. Cela serait en quelque sorte une nécessité de l'évolution, l'univers ayant besoin d'être toujours plus conscient de lui-même.

L'émergence de la conscience chez l'homme et conséquemment celle d'une *nooconscience* planétaire devient alors un phénomène inéluctable, une nécessité même, par opposition à l'évolution biologique qui reste le produit du hasard. D'où la notion d'une force vitale à la source de toute conscience.

Mais alors peut-on dire que l'univers manifesterait une volonté intrinsèque de conscience ? L'univers serait-il anthropique ? L'arrivée de l'homme serait-elle une nécessité en dépit du hasard qui semble gouverner toute l'évolution biologique ? Serions-nous destinés à être les neurones d'une *nooconscience* qui s'exprimerait au sein d'un corps mémoriel partagé par tous, un corps mémoriel que nous avons contribué à construire poussés par notre besoin de culture ?

C'est étrange tout de même que, dans cet univers froid, hostile, gouverné par des équations mathématiques formelles, ait pu naître l'homme et sa conscience tourmentée. Qu'avait-il à faire perdu dans ces espaces vertigineux, lui, un être animal incommensurablement fragile, égaré sur une minuscule Terre dont on perçoit aujourd'hui les limites ? Il doit bien y avoir une nécessité pour expliquer cette présence.

Evidemment il n'y a pas de réponse à cette question, du moins pas aujourd'hui, sauf à accepter une croyance quelconque Imaginer une volonté divine derrière tout cela serait trop simple et surtout beaucoup trop réducteur. Le divin entraîne un asservissement dans une adoration confiante, il masque les faits réels, il étouffe la question transcendantale et finalement obscurcit toute recherche sur les fondements de notre existence. Par principe la conscience déteste les croyances, son épanouissement implique leur rejet.

Il faut donc aller plus loin. Il y a au cœur de toute conscience le désir d'une forme supérieure d'existence dont nous ne connaissons aujourd'hui que des franges, des marges. Ceci s'exprime dans la réflexivité de la conscience sur elle-même, c'est à dire dans le fait d'avoir conscience d'être conscient. Cette réflexivité de notre conscience nous projette sans cesse en avant malgré notre peur du vide ; tous les efforts que nous faisons pour nous retenir n'y peuvent rien, nous avons besoin de nous comprendre, de nous dépasser.

Oui ! Il y a dans le fait d'exister un vide insupportable qui fait parfois désirer la mort : c'est dans ce vide transfiguré en plénitude que se manifeste ce qu'on pourrait appeler le divin. Il ne s'agit plus là d'une croyance, mais d'un besoin primordial. Il n'y a plus de but ultime, le jugement dernier des chrétiens devient une ineptie tout comme le péché originel, il n'y a pas non plus de répétition indéfinie où l'homme renaîtrait sans cesse sous une nouvelle forme. Non ! Tout change, tout mûrit et se développe dans le cadre d'une évolution culturelle qui n'a pas de fin. La *nooconscience* représenterait l'énergie créatrice, le moteur de cette évolution culturelle, une énergie qui nous pousse en avant vers toujours plus de conscience. Il y a là une pulsion, un incessant besoin de nous dépasser, d'aller au-delà. Cette tension physique et spirituelle fait tout cohérer. Si on s'abstrait de ce divin immanent auquel on participe, la vie n'est plus qu'une aventure totalement absurde.

L'HOMME CREATEUR

> *L'homme découvre qu'il n'est pas autre chose que l'Evolution devenue consciente d'elle-même et qu'il est solidaire et responsable d'un Tout en évolution.*
> *Pierre Teilhard de Chardin*
> *Le phénomène humain*

Cette mutation vers un homme créateur engendre un mal de vivre angoissant. Quand tout devient possible, quand les barrières ancestrales s'effondrent, quand les codes de la morale changent, quand les comportements sociaux se modifient, comment ne pas sombrer dans l'accablement ? Le solide sur lequel on s'appuyait disparaît, tout devient liquide comme des sables mouvants au sein desquels nous anticipons désormais notre disparition.

Comment surnager quand tout part à la dérive ? L'art est nu devant cette dilution des croyances. Nu face au *moi*, face à l'homme. La référence d'un temps immuable, absolu, a disparu, tout est ouvert, tout est question. Même la Terre, notre habitat, semble avoir un futur fini, elle s'épuise sous le poids de l'homme et laisse prévoir une fin proche si nous n'intervenons pas. Et il n'est pas question de partir à l'aventure pour découvrir de nouveaux continents vierges, cette époque-là est révolue !

Alors devant ces perspectives, pouvons-nous encore agir ? Saurons-nous maîtriser notre avenir ? Notre civilisation de la croissance peut-elle repousser la finitude qui, comme un mur, semble fermer toute possibilité d'évolution ? L'homme peut-il se contenter de vivre à l'instant présent comme si le temps s'était suspendu et qu'il ne s'agissait plus que de cultiver un jardin devenu précieux, la Terre, ou plus simplement l'homme peut-il simplement jouir de la vie sans plus se poser de questions ?

Non bien sûr ! C'est impensable ! Au contraire même, la naissance de l'homme créateur exacerbe la question transcendantale à laquelle aucune croyance n'est plus aujourd'hui capable de fournir une réponse ou au moins de calmer le vertige qu'elle provoque. L'homme créateur n'accepte plus de se soumettre à un dogme imposé, considéré désormais comme tout à fait irrationnel, sa conscience le refuse. S'il s'intéresse encore au fait religieux, c'est dans un esprit culturel afin de mémoriser son histoire, mais aucun confort ne peut être attendu de ce côté-là.

Mais si l'homme créateur ne veut plus être brimé par des croyances anciennes et désormais non pertinentes, comment peut-il accepter la finitude à laquelle le condamne sa connaissance scientifique ? Plus le savoir s'accroît, plus les perspectives de notre civilisation semblent se rétrécir. Comment admettre que la Terre devienne un simple jardin, une prison dorée, dont il faut apprendre à économiser les ressources pour les générations futures ? Comment admettre que l'univers au-delà de la Terre soit à tout jamais inaccessible sauf par l'observation en écoutant ce que disent les ondes électromagnétiques.

C'est là toute la contradiction devant laquelle se trouve l'homme créateur aujourd'hui. Une impression de finitude semble boucher l'avenir, notre planète se dégrade sans que nous n'y puissions rien, nous sommes emportés par un mouvement que nous ne maîtrisons pas vers un futur que nous imaginons mal et pourtant demeure en nous ce besoin inlassable de savoir, cette curiosité naturelle qui dynamisme notre activité et qui nous distingue fondamentalement des animaux. C'est là assurément le fruit de notre conscience inquiète qui s'interroge sans cesse sur le pourquoi de son origine.

Pour répondre à ce besoin de savoir, nous comptons sur la Recherche. Chaque avancée de la science fait progresser nos connaissances, mais c'est comme l'oignon que l'on épluche couche après couche. Lorsque nous avons théorisé et dûment validé par l'expérience une couche, il y a toujours une nouvelle couche à comprendre. L'ennui est que l'oignon est infiniment gros et que nous n'arriverons jamais au noyau ! Ainsi après avoir découvert l'existence de l'atome, puis des protons, neutrons et des électrons, puis des quarks sous-constituants de ces particules, il s'agit aujourd'hui de prouver expérimentalement l'existence du boson de Higgs, ce qui confirmerait une suite de théories mathématiques permettant une meilleure explication du fonctionnement de l'univers. Et pour cela nous sommes prêts à dépenser des milliards d'euros ! Juste pour valider une théorie qui s'avérera de toute façon incomplète et derrière laquelle se niche une nouvelle théorie encore plus ambitieuse pour la compréhension de l'univers !

Ainsi la progression de nos connaissances semble plutôt accentuer ce sentiment de finitude. Notre espace de vie se rétrécie, l'évaporation du religieux ramène l'homme à l'état d'une espèce animale née par hasard parmi d'autres espèces sur une planète improbable, fruit elle-même d'une multitude d'événements que seule la statistique peut expliquer. Y a-t-il finalement une raison d'être qui le distinguerait et ferait de lui un acteur essentiel dans l'histoire de l'univers ?

C'est bien là le cœur du problème et à ce jour nous sommes les seuls à pouvoir le poser. Nous sommes une espèce parmi des millions d'autres sur la Terre, mais dans ce chaos apparent, nous avons une particularité déterminante : la conscience. Aucune autre espèce n'a acquis une telle capacité, aucune autre espèce ne se préoccupe de son histoire et ne cherche à imaginer le futur. C'est sans doute sur la base de cette particularité que nous devons chercher à exprimer ce que l'homme est.

Il est certain qu'en l'absence de l'homme et de sa conscience, l'univers tel que nous le connaissons n'existerait pas puisque personne ne serait là pour l'observer, analyser sa nature, théoriser sur son origine. Curieusement la théorie de la mécanique quantique, si contraire au sens commun, ne nous dit-elle pas que nous créons en quelque sorte la réalité simplement en l'observant ! C'est sans doute là notre raison d'être : faire exister l'univers ! Dans ce sens il semble pertinent d'accepter l'inconnaissable comme un fait qu'il n'y a pas lieu de questionner. Il faut alors admettre que la recherche d'une théorie unifiée qui expliquerait l'univers par quelques élégantes formules mathématiques ne débouchera jamais sur une solution !

On pourrait évidemment dire que cette mission que nous nous attribuons de faire exister l'univers justifie l'existence d'un pouvoir supérieur, transcendant. Mais ce serait le retour des dogmes arbitraires et de la théologie stérile qui les accompagnent nécessairement. Non ! Il n'y a plus lieu de gloser sur de nouvelles formes de croyances, le divin est décidément insuffisant pour calmer la torture de la question transcendantale, notre raison d'être n'est plus de prier un dieu qui ferait de nous ce qu'il veut, mais plutôt de chercher à développer notre connaissance pour permettre aux futures générations d'accéder à la prochaine pelure de l'oignon et découvrir ainsi de nouvelles façons d'exister tout en admettant que la connaissance scientifique ne répondra jamais au besoin de savoir qui nous sommes.

Il faut savoir dépasser ce sentiment de finitude par notre présence active au devenir culturel de la société. Les perspectives d'évolution sont immenses et nous sommes parties prenantes dans cette évolution. Cela se traduit aujourd'hui par un besoin de croissance qui semble seul susceptible de maintenir la société à flot, en particulier du point de vue financier et économique. Cela n'est certainement pas un but en soi. L'enrichissement des connaissances au sein de la *nooconscience* fera émerger de nouvelles directions d'évolution dans l'inconscient collectif, des évolutions qui pourraient révolutionner notre mode de vie.

Que serons-nous demain ? Cela donne le vertige. Pour répondre à cette inquiétude, il faut sans doute retrouver ce qui faisait le cœur de la religion, son essence originelle, c'est à dire la question transcendantale. Il me semble que la pensée religieuse, débarrassée de ses appendices théologiques, possède tout ce qu'il faut pour amener les êtres humains à réaliser ce qu'il y a de plus humain en eux et ceci à un tel degré que l'ère de « l'homme créateur » puisse approfondir encore plus l'existence consciente et intelligente en direction de modes collectifs d'être dont nous ne pouvons encore avoir aucune idée.

Le futur de l'homme est entre nos mains, aussi bien sous l'aspect culturel et sociétal que l'aspect biologique. Pour cela nous devons nous éveiller, être curieux de tout et ne jamais nous endormir sur les coussins confortables de la religion. L'art joue un rôle fondamental dans cet éveil, l'art sous toutes ses formes, celui dont le regard suggère des traces d'immanence, c'est à dire qu'il contient en lui-même ce qu'il veut exprimer sans chercher à glorifier une figure symbolique. Ce sont ces traces qui font penser que l'univers ne peut pas être vide, livré au hasard, sans but. Ce sont ces traces qui introduisent cette notion essentielle d'un univers en devenir permanent, un univers en perpétuel état de transition vers un « toujours-plus-être ».

Dans ce sens, nous devons développer notre conscience individuelle et la faire participer du mieux que nous pouvons à une conscience collective en devenir, la *nooconscience*. Il ne s'agit pas de se retirer dans une grotte perdue comme un ermite mais bien plutôt de participer à ce flamboiement de communications que permet aujourd'hui la technique. Si le cerveau et donc la conscience doivent se développer, ce ne peut être qu'en mettant en commun toutes nos ressources dans un réseau complexe d'échanges de toutes sortes. C'est là le sens de l'évolution aujourd'hui, une évolution de la pensée qui s'accélère de façon vertigineuse et dont il est bien sûr illusoire de vouloir simplement en discerner les contours.

Il n'est plus besoin désormais de chercher à cacher la mort en faisant miroiter aux yeux de gens crédules des espoirs farfelus de survie au Paradis. La mort est un besoin naturel de l'évolution biologique au même titre que le sexe, sans la mort les processus biologiques nécessaires ne pourraient plus fonctionner. En fait ce n'est tout au plus qu'un événement biologique, le dernier événement que nous vivons certes, parfois dramatiquement, mais un événement non décisif pour donner un sens à la question transcendantale. Celle-ci mérite mieux et c'est dans l'évolution de la conscience que nous devons chercher. La mise en réseau de celle-ci ouvre des perspectives étonnantes qui pourraient décupler le pouvoir créatif de l'homme.

Finalement il faut bien l'admettre, ce riche manteau de la religion n'est plus d'actualité. Bien sûr il nous protégeait agréablement des affres posées par la mort, mais en l'ôtant nous allons peut-être donner un nouveau souffle à l'évolution spirituelle et découvrir au plus profond de la complexité humaine des raisons nouvelles pour s'accommoder de cette fameuse question transcendantale.

UNE RELIGION DE LA NON-CROYANCE

Ici émergeant du tréfonds de la conscience humaine, une montée tumultueuse d'aspirations cosmiques et humanitaires, irrésistibles dans leur ascension mais dangereusement imprécises et plus dangereusement encore impersonnelles dans leurs expressions : la nouvelle foi au monde. Et là, inflexiblement maintenue par le dogme chrétien, mais de plus en plus déserté par le flot religieux, la vision d'un pôle transcendant et aimant de l'univers : l'ancienne foi en Dieu. Ici, représenté par l'humanisme moderne, une sorte de paganisme gonflé de vie, gonflé de vie mais encore acéphale. Là figuré par le christianisme, une tête où le sang circule plus qu'au ralenti. Ici, les nappes d'un cône prodigieusement agrandi, mais incapables de se refermer sur elles-mêmes ; un cône sans sommet. Là un sommet qui a perdu sa base. Comment ne pas voir que les deux fragments sont faits pour se rejoindre ?
Teilhard de Chardin
Christologie et évolution

Une religion de la non-croyance, voilà assurément un oxymore ! Et pourtant, il s'agit peut-être là du cadre de vie dont nous dessinons actuellement les contours et qui constituera l'héritage que nous léguerons à nos enfants.

DE L'INADEQUATION D'UNE RELIGION DOGMATIQUE

> *On assiste à l'émergence d'une nouvelle science dont les principes et les postulats opératoires sont plus compatibles avec les modes de pensée en réseau. L'ancienne science voit la nature comme un ensemble d'objets ; la nouvelle science voit la nature comme un ensemble de relations. L'ancienne science se caractérise par la neutralité, l'expropriation, la dissection et la réduction ; la nouvelle science, par l'engagement, la reconstitution, l'intégration et l'holisme. L'ancienne science veut rendre la nature productive ; la nouvelle science, la rendre durable.*
> *Jeremy Rifkin*
> *Une nouvelle conscience pour un monde en crise*

Nous avons constaté l'effondrement du religieux dogmatique dans le monde occidental, ce qui entraîne une perte des repères avec comme conséquence une liberté nouvelle offerte à la conscience. Des rites anachroniques et bêtifiants disparaissent, laissant derrière eux un vide spirituel. Ainsi, en libérant la conscience, l'effondrement de la religion laisse entrevoir une effervescence spirituelle peut-être génératrice d'une nouvelle façon d'être. La religion est apparue avec l'émergence des premiers brins de conscience, sans doute dès l'apparition du langage et de la pensée, conséquence de la socialisation du peuplement humain. Avec l'enrichissement de cette conscience, elle a pu évoluer en modifiant ses dogmes comme en mathématique on peut modifier les axiomes ; c'est ainsi qu'est né l'espace des religions monothéistes. Mais la religion, quelle qu'elle soit, devient incompatible avec la pensée moderne par manque de perspectives. Les structurations spirituelles imposées par le religieux s'évaporent dans leurs cieux et, portée par une culture de plus en plus riche, la conscience se veut désormais libre de toutes croyances même si cette liberté de vivre rallume sans cesse la question transcendantale « *Comment l'évolution a-t-elle pu conduire l'homme jusqu'à être ce qu'il est ?* ». Nous sommes ainsi entré dans un processus d'individuation, de libération du « je ».

En l'absence d'un cadre religieux, l'esprit s'égare dans un questionnement sans réponse adéquate. C'est là un danger difficile à contrôler et qui peut avoir des conséquences désastreuses comme l'embrigadement dans une secte quelconque ou même le suicide. La conscience humaine a besoin de spiritualité et c'est bien le rôle de la religion de nourrir ce besoin. Comment satisfaire cet appel d'air spirituel qui se manifeste clairement dans nos sociétés évoluées ? Peut-on imaginer que l'émergence d'une *nooconscience* réponde à ce besoin, pourrait-elle être à la source d'un fonctionnement global du religieux ? Va-t-on vers une religion universelle ?

L'humanité présente une telle diversité que l'idée d'une religion universelle semble totalement absurde ! L'histoire des civilisations irait plutôt en sens contraire, l'esprit étroit des nationalismes ou autres particularismes régionaux ne poussant pas à imaginer une cristallisation des croyances autour d'une religion unifiée. Pourtant l'hypothèse d'une telle religion laisse entrevoir des perspectives étonnantes, elle serait capable de fédérer l'énergie spirituelle potentiellement fantastique de l'humanité et pourrait ainsi être le lieu d'expression de cette *nooconscience* en émergence.

Il faut être réaliste, l'hypothèse d'une religion universelle qui prenne en compte l'immense développement de la culture humaine reste du domaine du rêve. Il convient au préalable de s'interroger sur les réponses que pourrait apporter cette notion de *nooconscience* à des questions que nous avons déjà entraperçues dans cet exposé et qui sont finalement fondamentales, en particulier l'existence d'une direction dans l'évolution du paradigme humain, c'est-à-dire de la représentation que l'on a du monde, de notre place en son sein et finalement de notre raison d'être.

Dans ce sens, l'apparition de la conscience dans l'évolution de la vie sur la Terre représente une étape majeure. Il a fallu trois milliards d'années pour en arriver là. Depuis l'apparition des premières bactéries, un développement foisonnant du vivant a permis la création d'une diversité fantastique dont nous ne connaissons encore aujourd'hui qu'une partie et c'est seulement au terme de ces trois milliards d'années qu'une espèce particulière de primates a commencé à se densifier et se socialiser créant ainsi le terreau culturel dans lequel la conscience a pu se développer.

Les premiers balbutiements de la conscience sont apparus chez l'homme tel qu'il est biologiquement aujourd'hui il y a seulement 40.000 ans. Un corps mémoriel rudimentaire a émergé au sein de groupes sociaux riches de symboles culturels pour petit à petit se développer au niveau d'un peuple. Tout est parti du concept d'histoire et de la capacité à voir le passé et imaginer le futur. Quand les hommes ont commencé à se remémorer leur histoire, la question transcendantale est survenue entraînant l'élaboration des croyances nécessaires pour y répondre et faciliter ainsi l'existence.

Comment vivre quand on imagine que le ciel peut vous tomber sur la tête ! On l'a vu, la conscience ne peut pas être un fait biologique, le cerveau avec sa puissance computationnelle n'est qu'un support, la source de la conscience est plutôt dans les mémoires actives d'une population d'individus partageant les mêmes valeurs, c'est à dire sa culture, son corps mémoriel.

On peut ainsi dire que la conscience est le fruit du développement extraordinaire d'un réseau d'échange : le Verbe. Parti du minéral, de l'eau pure, la vie a émergé par étapes successives sans que personne ne s'en rende compte jusqu'à ce que l'homme se mette à en raconter l'histoire. Oralement bien sûr au départ, puis l'écrit a entraîné une accélération vertigineuse de ce besoin de raconter des histoires. Ce sens du passé est au cœur de la conscience humaine, les animaux vivent dans l'instant présent, ils ne connaissent pas leur histoire, ils n'ont aucun sentiment du passé, leur conscience reste limitée à l'immédiat. Sans histoire l'homme serait ramené à l'état animal. Un enfant élevé sans communication sociale n'aurait pas d'histoire, il resterait un animal sans conscience.

Le développement technologique des possibilités de communication interhumaines avec Internet accélère irrésistiblement ce processus. Déjà, bien avant l'émergence de ces technologies, Teilhard de Chardin voyait ainsi le futur de la pensée : *L'homme n'est plus (comme on pouvait le penser jadis) le centre immobile d'un Monde déjà tout fait, en revanche il tend désormais à représenter la flèche même d'un Univers en voie simultanément de complexification matérielle et d'intériorisation psychique toujours accélérées. Une vision dont le choc devrait être assez fort sur notre esprit pour exalter, ou même pour transformer, notre philosophie de l'existence.* (Teilhard de Chardin, La Place de l'homme dans la nature, 1950).

Teilhard a raison : c'est dans l'enveloppement de la pensée par une *nooconscience,* que l'homme contribue lui-même à créer les mécanismes sans le vouloir explicitement, qu'une Evolution impensable est en cours et nous mène vers un futur que nous ne sommes pas capable de penser sauf à le penser en termes de science-fiction ce qui ne signifie rien.

Au vue de ces réflexions, il semble curieusement qu'il faille définitivement évacuer la question de la religion et en particulier l'hypothèse hasardeuse d'une religion universelle. Même si certaines religions traditionnelles peuvent subsister auprès de groupes sectaires ou au sein de peuples qui n'ont pas encore atteint un niveau d'évolution culturelle suffisamment riche pour se libérer des dogmes, il n'en reste pas moins que de façon générale la religion, au sens d'une transcendance qui en est l'origine et son fondement, sort de la vision spirituelle de l'homme d'aujourd'hui. L'idée d'une religion universelle est donc tout aussi absurde, la *nooconscience* que nous avons évoquée n'apporte aucune transcendance et surtout ne procède pas d'un Dieu qui descendrait des Cieux pour gouverner la vie. Si cette *nooconscience* émerge effectivement, elle orientera sans doute la vie des hommes dans des directions particulières qu'elle saura suscitées dans l'inconscient des hommes, comme par exemple dans le cadre de l'écologie, mais elle ne sera en aucune manière attachée à un système de croyance. Cependant, comme nous l'avons déjà remarqué, étant des neurones de cette *nooconscience,* il nous est tout à fait impossible de l'observer de l'extérieur et donc de lui attribuer un sens et une direction dans le temps.

Cependant l'évaporation de la religion ne signifie pas la fin du religieux ! En sortant d'une religion, on abandonne tout un système de croyances et de règles de vie qui a pour prétention de rendre compte du fondement invisible du monde. Il n'en reste pas moins que la question transcendantale demeure sans réponse et c'est là que se situe ce que j'appelle le *religieux*. Dans ce nouvel espace de liberté acquis grâce à la sortie de la religion, la conscience de l'individu va chercher à s'accommoder de cette question transcendantale et lui trouver des solutions personnelles. C'est dans cette recherche que le religieux s'exprime, il s'agit pour chacun de trouver une compréhension du monde qui convienne à sa personnalité. Cette compréhension se reflétera d'une manière ou d'une autre dans le corps mémoriel, apportant ainsi sa contribution à l'enrichissement de la *noosphère* (au sens de Teilhard de Chardin), c'est-à-dire à l'émergence d'une *nooconscience*.

C'est donc ce phénomène qu'il convient d'analyser, en particulier le processus conduisant à l'émergence d'une conscience de l'univers.

L'HOMME DEMIURGE FACE A L'UNIVERS

> *Puisque l'Esprit est la source de notre vie, laissons-nous conduire par lui, suivons ses indications et agissons comme il le désire, c'est-à-dire que notre vie, elle aussi, soit spirituelle.*
> *Saint Paul*
> *Epître aux Galates*

> *Le super-organisme tissé du fil de nos individus s'apprête non pas à nous mécaniser et à nous confondre, mais à nous porter, au sein de plus de complexité, à une plus haute conscience de notre personnalité.*
> *Teilhard de Chardin*
> *Vie et Planètes, Etudes, mai 1946*

Peut-on parler d'un Dieu en création ? Une telle hypothèse signifierait que le concept d'un Dieu tout puissant, créateur du monde, est à renverser complètement.

Nous avons perçu que c'est l'homme lui-même qui, dès l'apparition d'un brin de conscience, imagina des croyances et inventa des religions dans le but de satisfaire son besoin spirituel. Ne faudrait-il alors pas renverser le scénario traditionnel qui procède de la création du monde ? Rien ne viendrait plus d'un « En haut » imaginaire mais bien plutôt du génie humain qui surgit là en bas sur Terre.

Pour progresser dans cette idée fondamentale d'un renversement du scénario de la création, reprenons point par point les différents éléments que nous avons pu analyser depuis le début notre réflexion.

Nous avons introduit le concept du corps mémoriel, un corpus culturel produit par le génie de l'homme et constitué de mémoires diverses qui s'appuient sur des réseaux complexes d'échange. Ce corps mémoriel rassemble tout le savoir accumulé de l'homme, il est multiple, il peut être vu comme un palimpseste dont les différentes couches se découvrent les unes après les autres en remontant dans l'histoire. Au-delà de l'aspect historique, chaque couche correspond à un niveau de culture et se rapporte à un groupe humain, comme la famille, une communauté religieuse, une nation ou même le monde entier avec par exemple la culture écologique. C'est en fait un héritage culturel qui se transmet de génération en génération au sein de la société par l'éducation, les médias, l'art sous toutes ses formes, la connaissance scientifique et la technologie.

Le corps mémoriel représente donc le génie de l'homme, c'est à dire toute sa culture. C'est une mémoire complexe qui contient une accumulation d'histoires, d'idées, de croyances, de connaissances, bref tout ce que l'homme a pu créer depuis l'émergence de sa conscience. La disparition de ces mémoires, pour quelque raison que ce soit, ramènerait la société à un état préhistorique, celui de l'homme apparu il y a 40 000 ans, le même homme qu'aujourd'hui biologiquement mais sans la richesse du corps mémoriel acquis. Ce serait la perte du savoir accumulé depuis des générations et avec cette perte des connaissances et des techniques, ce serait la nourriture même de la conscience d'aujourd'hui qui disparaîtrait. Heureusement une telle hypothèse est complètement illusoire par le fait que les mémoires du corps mémoriel, outre les mémoires technologiques numériques, existent partiellement et sont partagées dans tous les cerveaux participants, un effacement complet nécessiterait de faire disparaître tous les adultes pour ne garder que les enfants encore vierges de connaissance !

Chaque civilisation a développé son corps mémoriel. Aujourd'hui on remarque que celui développé par la civilisation occidentale s'impose au niveau mondial ;

chaque pays dans le monde en adopte les valeurs premières tout en les adaptant avec ses valeurs autochtones et ce faisant participe à construction d'un corps mémoriel mondial. Il semble donc que le modèle de société obéissant aux valeurs et au savoir développés par la civilisation judéo-chrétienne envahisse le moindre coin de la Terre, phagocytant les valeurs locales même si des mouvements de révolte apparaissent de ci de là dans certains pays dominés encore par d'autres valeurs historiques. Ce phénomène entraîne un développement fantastique et sans doute de moins en moins contrôlé du corps mémoriel engendré par l'Occident, c'est-à-dire la civilisation représentant le corpus culturel le plus avancé. De par son importance et sa réussite dans tous les domaines, le corps mémoriel de l'Occident a tendance à dominer le monde. Sa croissance, relativement plate pendant des millénaires puis phénoménale depuis seulement deux ou trois siècles semble proportionnelle à sa taille, ce qui ouvre des perspectives vertigineuses. Aujourd'hui il est difficile de qualifier ce corps mémoriel de spécifiquement Occidental. Désormais tous les peuples qui adhèrent à ses valeurs concourent à sa croissance et les quelques révoltes marginales provoquées par les extrémismes religieux n'y pourront rien. Implicitement nous participons désormais à une aventure qui implique le futur de l'homme sur la Terre entière.

Nous avons conjecturé que la conscience humaine prenait son origine dans le corps mémoriel. Des brins de conscience auraient émergé chez les premiers hommes à partir du moment où leur corps mémoriel collectif a atteint un certain seuil critique de symbolisation. Un tel seuil critique aurait été atteint grâce à une densification sociale des populations, densification qui aurait permis l'échange d'idées et la création de symboles, entrainant la montée en puissance du corps mémoriel collectif. La conscience se forme chez l'enfant à partir des parties du corps mémoriel auquel il a accès par son environnement. Le corpus culturel qu'il acquiert ainsi conditionne sa spiritualité et lui confère une identité spécifique.

Cette « conscience » n'a donc rien à voir avec la conscience « immédiate » dont la source est purement biologique et qui existe plus ou moins développée chez tout animal, y compris l'homme bien sûr. Son émergence n'aurait ainsi aucun lien avec l'évolution biologique du cerveau, elle serait une conséquence de l'apparition, avec le langage, de corps mémoriels au sein des premiers groupements humains. Ces corps mémoriels ont permis le développement des concepts de passé et de futur, autorisant ainsi l'homme à appréhender l'histoire, élément déterminant dans la formulation de la question transcendantale. La profondeur de la conscience, sa force d'observation pourrait-on dire, s'est développée au fur et à mesure que le corps mémoriel où elle s'abreuve s'enrichissait de nouveaux savoirs et cette évolution continue en s'accélérant proportionnellement à la richesse acquise.

L'évolution des connaissances implique des changements profonds dans la spiritualité tout comme les valeurs attachées à chaque civilisation. La conscience fruste des premiers hommes il y a 40 000 ans n'a rien à voir avec la conscience moderne, de même qu'un chinois ne sera pas conscient de la même manière qu'un européen, chaque corps mémoriel ayant ses propres spécificités.

La conscience apparaît donc comme un phénomène purement artificiel lié à l'apparition d'un capital culturel, lui-même conditionné par l'existence d'un langage permettant les échanges interhumains. Elle est née de l'activité d'une multitude de cerveaux connectés par un tissu de relations sociales à un corps mémoriel partagé.

Dans ce sens, la conscience est simplement une conséquence du développement de l'intelligence et de la socialisation de l'espèce humaine et n'a donc rien à voir avec l'évolution biologique. Née par erreur pourrait-on dire par rapport à l'évolution biologique qui a permis l'explosion de la vie sur la planète, la conscience humaine se différencie des mécanismes biologiques, sources de la conscience animale, par sa force purement spirituelle. Dans ce sens, la conscience humaine se situe bien au-delà de la conscience immédiate de l'animal. La conscience immédiate se limite aux sensations physiques que communiquent les cinq organes des sens du corps, elle ne connaît pas le concept de temps. En disposant des données culturelles du corps mémoriel, la conscience humaine dépasse cette immédiateté des sensations animales pour les intégrer dans une histoire.

Par exemple le chat lorsqu'il a bien mangé et qu'il a trouvé un coin tranquille, bien abrité ou au chaud sur les genoux de son maître, se met à ronronner d'aise. Mais cette conscience de bien être ne va pas plus loin que cette immédiateté alors que la conscience humaine extrapolera ou transcendera de multiples manières ce sentiment. Elle le questionnera, se demandant pourquoi la nature lui offre une telle chance, elle pourra le transcender cherchant ainsi un plaisir culturel encore plus détaché de son animalité propre, elle en fera même une histoire qu'elle mémorisera.

On conçoit ainsi que la conscience humaine ne soit pas soumise à la pression de la sélection biologique comme peut l'être une capacité d'intelligence qui apporte un facteur de différenciation sélectif, elle serait d'ailleurs plutôt un ennui qui peut déstabiliser l'individu et le pousser au suicide.

De par son origine culturelle, l'évolution de la conscience humaine reste propre à chaque civilisation, quoiqu'une partie se mondialisme sous l'effet de la constitution d'un corps mémoriel au niveau mondial. Pourtant le fondement de toute conscience reste la question transcendantale : « *Pourquoi y a-t-il quelque chose plutôt que rien ?* » Cette question désespérante constitue son moteur, c'est grâce à cette question que les religions sont nées avec tout le contexte spirituel qui en découle, c'est par cette question que l'homme accède à la spiritualité, c'est par cette question que l'homme se distingue définitivement de l'animal.

Finalement nous avons évoqué l'accélération incroyable, en juste deux siècles, des connaissances scientifiques à la fois sur l'univers lui-même et sur la biologie du vivant. L'avancée de ces connaissances a permis d'appréhender les lois physiques et le processus de constitution de l'univers. Nous savons désormais que l'univers s'est formé à partir du vide, c'est à dire de rien, par une magnifique explosion, le Big Bang, il y a quelque 17,7 milliards d'années. Beaucoup de mystères demeurent sur sa composition et son évolution, chaque avancée de la recherche apporte de nouvelles visions sur l'ordre cosmique des choses.

La biologie du vivant fait également l'objet d'un développement fantastique des connaissances. La maîtrise des processus génétiques place désormais l'homme en position d'agir sur l'évolution du vivant, et cela aussi bien sur les plantes pour améliorer leur rendement que sur les animaux pour optimiser leur production et finalement sur lui-même pour améliorer son espèce. C'est un pouvoir fantastique et monstrueusement dangereux qui peut amener l'homme à se croire démiurge. Certains n'hésitent pas à envisager de maintenir le corps en vie bien au-delà de la mort programmée par les gènes… !

Il est important également pour notre réflexion de rappeler la distinction de plus en plus flagrante que nous avons reconnue entre le temps biologique et le temps culturel. Il s'agit là de deux processus d'évolution complétement différents, le premier c'est l'histoire du développement animal de la Vie sur la Terre, le deuxième se réfère au développement du corps mémoriel au sein des communautés humaines, c'est l'histoire de la conscience ! Deux composantes différentes de temps semblent s'appliquer à chacun de ces deux processus : l'évolution biologique découverte par Darwin suit un temps réglé par son mécanisme de mutations et de sélection naturelle tandis que l'évolution culturelle initiée par l'homme suit un temps conditionné par l'apport de connaissances au corps mémoriel. Il apparaît même que l'évolution culturelle, c'est à dire la croissance du corps mémoriel, s'accélère proportionnellement à l'accumulation du savoir. Dans cette perspective, on pourrait dire que l'espèce humaine n'a désormais plus aucun avenir biologique ! En effet si elle arrive à évoluer par mutations et sélections, ce sera dans un temps que nous ne connaîtrons jamais alors que l'évolution culturelle, celle de la conscience, ne peut que s'accroitre dans un temps de plus en plus réduit par rapport à la période d'une génération.

Cette évolution pousse la spiritualité à sortir du cadre imposé par les croyances religieuses pour chercher individuellement à donner un sens au chaos cosmique des choses. Dans ce sens, l'homme n'est plus esclave d'un Dieu qu'il adore et prie comme un Père, il devient un démiurge chargé de donner une conscience à l'univers !

Il faut voir dans cette remarque que la conscience de l'homme, la vraie conscience, la conscience de soi, évolue nécessairement avec la croissance de son savoir. Il n'est plus possible d'imaginer la conscience comme une âme donnée à tout homme quel qu'il soit et ceci indépendamment du temps. La conscience de l'homme a désormais une histoire, une histoire liée à sa culture à un moment donné. Ainsi la conscience que pouvait avoir l'artiste pariétal n'est qu'une ébauche de la conscience de l'homme évolué d'aujourd'hui qui dispose d'un bagage culturel sans commune mesure ! La conscience humaine, née du corps mémoriel, évolue avec ce dernier ! C'est là un point fondamental en ce sens qu'elle élimine la vision classique de l'âme éternelle, figée à jamais. La conscience de l'homme de demain sera nécessairement différente, certainement plus riche grâce à son corps mémoriel, peut-être plus absurde et individualiste ou au contraire plus ouverte, plus aimante et plus altruiste... Imaginer le futur dépasse ici notre entendement.

La révolution du numérique enfin fait entrer l'homme dans une nouvelle ère, l'ère de la communication. Cela se traduit par un développement fantastique des échanges entre individus, indépendamment de (et généralement contre) la volonté des gouvernements ou des autorités religieuses. En effet les possibilités de mémorisation numérique apportent un atout formidable au partage du savoir, rien ne peut plus être caché ! Toute la connaissance humaine, tout ce qui se dit, tout ce qui s'écrit ou se dessine, se trouve ainsi numérisée et facilement accessible par des moteurs de recherche adaptés. Cette révolution informationnelle des échanges et de la mémoire apporte des couches additionnelles au palimpseste constitué par le corps mémoriel. Celui-ci se développe désormais au niveau mondial, englobant toutes les civilisations dans une culture nouvelle qui recouvre les cultures nationales ou traditionnelles. Des thèmes, des mythes, des idées politiques ou sociétales naissent et se discutent entre individus de différents pays. La nouvelle science que constitue l'écologie en est le meilleur exemple.

Cet emballement de la croissance culturelle amène à imaginer l'émergence d'une *nooconscience* qui agirait transversalement sur des ensembles de consciences humaines regroupées par corps mémoriels, c'est à dire par civilisations, avec au dernier niveau un corps mémoriel dont la portée est mondiale. Une telle *nooconscience* n'est bien sûr pas directement observable. Elle vit dans l'inconscient de milliards de cerveaux, elle active des boucles de rétroaction entre ces cerveaux et la couche concernée du corps mémoriel, contribuant ainsi à l'émergence d'une pensée globale. De façon quasi inconsciente pour chaque individu, cette *nooconscience* mondiale ferait évoluer les règles morales et susciterait une spiritualité propre, elle obéirait pour cela à une ambition virtuelle, une force, qui s'élaborerait sur la base des histoires échangées et cumulées dans les différentes couches du corps mémoriel. C'est par exemple ainsi que serait née la culture de l'écologie, culture mondiale par nécessité.

Alors comment peut-on voir le futur de l'homme sur notre petite planète ? Quel rôle la possibilité d'une *nooconscience* pourrait-elle jouer dans ce futur ? Pourrait-elle contribuer à unifier la pensée à travers le monde ? Son émergence est-elle le but ultime de l'espèce humaine ? L'univers en a-t-il besoin pour exister ?

Le niveau de connaissance atteint aujourd'hui par la conscience conduit à renverser la vision historique offerte par la Genèse de l'image d'un Dieu transcendant à l'origine de tout. Ce n'est pas de Là-haut, de ce que les religions appellent les Cieux, que descend une volonté divine chargée de diriger l'humanité, de lui donner une morale qui, si elle est respectée, permet d'assurer aux impétrants une vie éternelle dans un Paradis illusoire. Dieu n'est pas plus immanent que transcendant, il n'a rien à voir avec la réalité physique et animale du monde, les choses existent et évoluent par elles-mêmes selon les lois qui gouvernent l'univers. Dieu n'a pas non plus une quelconque responsabilité dans la vie spirituelle et sociale de l'homme, c'est plutôt l'homme qui, dès l'apparition d'un brin de conscience, l'inventa en imaginant des croyances et bâtissant des religions.

Nous sommes donc conduits à renverser le scénario qui procède de la création ! Rien ne vient plus d'un En haut imaginaire mais bien plutôt du génie humain, bien réel celui-là, qui surgit là en bas sur Terre. L'homme devient démiurge : sa conscience, son besoin de savoir, exprime une force irrésistible dont le but est de faire exister l'univers en le sortant bribes par bribes de son néant. C'est alors là la raison même de la conscience.

Ce renversement de perspective est fondamental, on comprend mieux alors les possibilités associées à l'émergence possible d'une *nooconscience* mondiale. Celle-ci, portée par les milliards de consciences qui partagent leurs savoirs et leurs questionnements au sein d'un corps mémoriel commun, cristallise en quelque sorte le but ultime de l'évolution non biologique : un univers conscient de lui-même. Mais le résultat de cette évolution, à un instant donné, ne peut être décrit parce que nous ne sommes pas en position de pouvoir l'observer de l'extérieur. Nous ne sommes que les neurones virtuels de cette *nooconscience*; nous sommes impliqués totalement dans son processus et de ce fait nous ne disposons pas de la capacité de sortir de ce cerveau virtuel afin de regarder ce qu'il s'y passe. Nous ne verrons jamais qu'une succession d'histoires qui se complètent sans jamais se terminer.

L'univers pourrait se résumer à une suite mathématique, comme dit Max Tegmark[20]. Cependant les équations mathématiques n'apportent pas de sens même si elles

---

[20] *Notre univers mathématique*, Dunod, 2014.

laissent entrevoir une vision formelle de l'Univers permettant ainsi de couper court à toute question sur son origine. Les calculs n'ont pas besoin de faire évoluer l'univers dans le temps, mais simplement de le décrire, de le définir par toutes ses relations. Seule la question transcendantale « *quel est le sens de la vie ?* » ne se résout pas dans une réalité mathématique, ce ne peut pas être là que le rôle de la conscience et particulièrement d'une *nooconscience* en gestation. Si l'univers s'explique par des structures mathématiques il n'a pas d'histoire, il est simplement le résultat logique d'un ensemble d'équations. Dans ce sens, le temps n'existe pas puisque chaque état de l'univers se déduit mathématiquement. C'est là toute la différence avec l'histoire de la conscience humaine, qui elle, prend sa source dans le temps. Il y aurait ainsi un temps mathématique qui se dissout dans la relativité des choses, le passé existant tout aussi bien que le futur, et un temps conscient qui ne peut pas s'expliquer mathématiquement. Ce concept de temps conscient apparait avec les premiers brins de conscience comme fruit des échanges de type réflexifs entre des cerveaux ayant atteint une complexité adéquate pour développer un langage de communication suffisamment riche. Il s'agit là d'un processus d'émergence qui ne peut pas se formaliser mathématiquement et qui n'a rien à voir avec la socialisation de la fourmi ou de l'abeille dont la source est un phénomène purement biologique. Dans cette hypothèse, on pourrait même admettre qu'un réseau excessivement dense d'ordinateurs suffisamment sophistiqués pour communiquer en utilisant des images et des symboles abstraits, pourrait générer par eux-mêmes des brins de conscience. L'ordinateur viendrait en quelque sorte compléter la conscience humaine dans son évolution en participant à l'enrichissement de la *nooconscience*. Aujourd'hui certains chercheurs laissent penser qu'il y là un risque pour l'avenir de l'homme, lequel pourrait se voir devenir l'esclave d'une civilisation gouvernée par des ordinateurs devenus trop puissants et donc trop conscients. Mais d'un autre côté, c'est en utilisant cette puissance des ordinateurs que l'homme peut démultiplier la force de sa conscience et se libérer ainsi des limitations biologiques de son cerveau. C'est sans doute là un facteur essentiel dans le devenir de la conscience.

Ces considérations sur l'évolution de la conscience selon un processus non biologique, dont la principale caractéristique est d'être non contingente, nous amènent à considérer que l'humanité consciente a commencé à exister, c'est à dire à sortir du carcan de son espèce biologique, à partir de l'émergence des premiers brins de conscience. Lentement, très lentement au début, la conscience s'est construite avec son corps mémoriel jusqu'à l'emballement que nous pouvons observer aujourd'hui où rien n'est plus comme hier ! Quel peut être le rationnel au cœur d'une telle évolution ? Pourrait-on imaginer l'existence d'un but, d'une force vitale au cœur même de la conscience humaine ?

Depuis l'apparition de la conscience parmi les premiers groupes d'humains il y a des millénaires, jusqu'à la perspective d'une *nooconscience* qui s'appuierait sur une intrication de milliards de consciences individuelles au sein d'un corps mémoriel commun, il y a un chemin parcouru qui est nécessairement signifiant. La conscience est née d'un trop plein d'intelligence, son l'évolution n'obéit pas aux lois physiques et biologiques du vivant. Elle se développe, grâce à l'essor des mémoires du corps mémoriel, dans tous les domaines impliquant la connaissance, l'art, la spiritualité. Elle est à l'origine d'une force vitale qui a poussé l'homme à créer des civilisations sophistiquées, à construire des histoires multiformes, à développer du savoir culturel.

Par un effet boule de neige, cette force vitale, qui pousse à accumuler du savoir, croit avec l'information active contenue dans le corps mémoriel. Nous sommes entraînés dans un processus qui s'emballe et dont le but ultime s'élaborerait au sein de la *nooconscience* que nous pressentons.

Il faut regarder en arrière dans l'histoire de l'homme pour mieux apprécier ce débordement de savoir qui semble croître proportionnellement à la somme existante des connaissances. Comment par exemple comparer l'énormité de notre savoir actuel avec les connaissances réduites des hommes qui ont dessiné des scènes de chasse dans la grotte de Lascaux ? Et pourtant ces hommes étaient biologiquement identiques à nous, ils seraient probablement capables d'apprendre à conduire une voiture ! Mais bien sûr la conscience que pouvaient avoir ces hommes à cette époque ne sont que des fragments de la conscience à laquelle nos enfants accèdent aujourd'hui.

Cette frénésie de savoir conditionne l'évolution de la vie sociale. Les créations de la société d'aujourd'hui modélisent la société de demain. L'apport créatif de chacun façonne de nouveaux concepts de vie, de règles sociales ou politiques, qui coalesceront dans le bouillonnement que constitue la *nooconscience* et seront à l'origine de nouveaux modèles sociaux. Ainsi les mouvements de type écologique ou les ONGs sont des groupements de créativité qui peuvent par leurs idées novatrices faire naître un nouveau modèle économique ou politique. Notre modèle actuel basé sur la croissance n'est pas une fin en soi, un but ultime, d'autres modèles peuvent voir le jour. Le pouvoir créatif de l'homme se démultiplie dans un bouillonnement que personne n'a le pouvoir de contrôler.

Ce phénomène agit un peu à l'inverse de l'expansion de l'univers par laquelle la vitesse d'éloignement entre deux galaxies est proportionnelle à la distance les séparant. Dans notre cas, plus il y a de l'information créée et mémorisée, plus nous en apportons ! En extrapolant ce phénomène d'emballement à l'entropie physique d'un système, on peut estimer que la croissance sans cesse accélérée du corps mémoriel réduit l'entropie informationnelle de l'univers, contrecarrant ainsi son augmentation due à l'expansion cosmique. On retrouve là le but ultime que nous avons esquissé avec le renversement du concept de Dieu : permettre à l'univers d'acquérir une conscience de lui-même.

Au cœur de la *nooconscience*, caché à nos sens, il y a un pouvoir de création fabuleux, un pouvoir suscité par chacun de nous qui participons à cette *nooconscience*. Ce pouvoir de création se traduit par un besoin de savoir jamais assouvi. Par exemple nous ne pouvons pas nous empêcher de dépenser des milliards d'euros pour vérifier l'existence théorique d'une particule comme le boson de Higgs qui validera le modèle mathématique actuel expliquant la formation de l'univers ou tenter par tous les moyens de mieux connaître les planètes qui nous accompagnent autour du soleil ou même chercher dans l'infini du ciel d'autres planètes semblables à la Terre que nous ne visiterons jamais ! L'homme fait ainsi surgir sans cesse des caractéristiques physiques nouvelles de l'univers, des caractéristiques qui n'existaient pas encore puisque personne n'était là pour les observer. Ainsi chaque découverte opérée par l'homme fait exister l'univers un peu plus. Tout se passe comme si ce dernier sortait progressivement du néant sous nos yeux. Sans l'apparition de l'homme et de sa conscience inquiète, l'univers serait condamné à ne jamais exister.

Petit à petit, au fil de la recherche scientifique, l'univers nous découvre de nouvelles facettes que nous ignorions. Avant notre observation, ces facettes n'existaient pas. C'est en les observant, en prenant conscience de leur existence, que nous les faisons exister. Et au cœur de tout ce processus, il y a la conscience humaine. C'est elle qui fait exister ces multiples facettes, c'est par son enrichissement permanent que l'homme évolue vers un *toujours plus être*. Par rapport au panthéisme classique qui voit Dieu dans le moindre objet de l'univers, je vois un panthéisme élargi qui prend sa source, sa vitalité dans l'Observation. Ce que j'appellerais le divin, ce serait finalement le fruit d'une Observation qui n'a ni fin, ni commencement. Pour découvrir ce divin, le sentir pénétrer jusqu'au plus profond de soi-même, il faut savoir s'arrêter de courir et apprendre à observer, alors seulement nous pouvons comprendre l'extraordinaire diversité, la beauté incommensurable de ce monde, un monde que nous faisons exister au fur et à mesure que nous progressons dans son Observation.

Il est peut-être temps alors de poser enfin la vraie question : Le monde n'existe-t-il pas uniquement parce que nous avons conscience de lui ? Et cette conscience, qui nous distingue comme les êtres ultimes de l'évolution biologique, n'est-elle pas la conséquence d'un besoin fondamental ?

Sans l'homme, le monde n'a aucune raison d'exister puisque aucun autre être vivant n'a la capacité de se poser la question même de son existence. On pourrait presque dire que la conscience est la source de tout ! C'est grâce à elle que nous possédons ce besoin de savoir, cette curiosité, cette volonté de rechercher ce qui nous a fait naître et nous fait vivre. Enfin c'est grâce à elle que nous apprenons à connaître l'univers en le débarrassant petit à petit de ses mystères. Nous sommes observateurs et l'univers existe par notre observation.

Dans ce sens je pense que nous créons l'histoire, et donc le temps, par notre observation. C'est là une capacité merveilleuse de l'homme : la volonté d'observer, d'expérimenter, de comprendre. Grâce à elle nous faisons exister la nature dans le temps, nous poussons l'univers à se dévoiler et finalement nous prenons conscience de son histoire. Cette capacité d'observation est liée à la conscience. Sans conscience, la volonté d'observer n'existerait tout simplement pas.

LE BESOIN D'AVOIR LA FOI

> *Au terme de ces réflexions, qu'aucune référence objective ne peut fonder, il ne me reste qu'à vous suggérer un acte de foi au monde. Cet acte de foi dans la vie est libre. A chacun de croire ou de ne pas croire : vous êtes responsable de votre décision. Mais de toute façon l'évolution va se poursuivre vers quelque impensable plénitude.*
> Jean Onimus
> *Métamorphose du religieux*

Derrière toute action consciente, il y a sous-jacente une foi, qu'elle soit reconnue ou instinctive. Cette foi exprime la volonté de réaliser quelque chose, que ce soit pratique ou intellectuel ou spirituel ou artistique. C'est donc une foi créatrice.

La foi que je pressens ne possède pas une transcendance qui prend sa source dans l'absurde comme celle qui pousse Abraham à sacrifier son fils, c'est une foi qui vient de ce corps mémoriel où toute la richesse culturelle de l'homme s'accumule depuis le début des temps, depuis l'émergence de l'art pariétal, c'est-à-dire rien en fait, peut-être un millième de seconde au temps biologique (première cellule il y a 3,6 milliards d'années), sans parler du temps géologique ! Il faut chercher cette foi au fin fond de sa conscience, dans le vertige que procure l'infini en opposition avec la finitude de la nature et de la vie. L'enthousiasme en est la force essentielle, l'observation consciente en est le moteur, la phrase clé reste celle du Dhammapada : *L'attention est le chemin qui conduit à l'affranchissement de la mort. L'inattention, l'irréflexion, est le chemin qui mène à la mort. Ceux qui sont attentifs ne meurent pas, les inattentifs sont déjà morts.*

Toute conscience a besoin de vouloir. Déjà le « vouloir vivre » représente une certaine forme de foi : comment vivre sans être poussé par une envie, par un désir même inconscient ? Avoir un projet nécessite une forme de foi et c'est même là une clé de réussite. Or une vie sans une multitude de projets reste creuse, inconsistante, invivable finalement. La question transcendantale devient alors insoutenable, à moins de l'oublier dans l'alcool, les drogues et finalement le suicide. Plus une vie est nourrie de projets, plus elle se densifie, plus elle donne l'impression qu'elle vaut la peine d'être vécue !

Une foi créative est donc nécessaire, elle donne un sens à la vie et nous devons la cultiver par tous les moyens à notre disposition, c'est-à-dire en utilisant toute l'information que peut nous procurer le corps mémoriel. Par elle nous sentons confusément que quelque chose est à l'œuvre qui dépasse la volonté de survivre et de se reproduire. Cette foi créative serait en quelque sorte la réalisation ultime de la conscience, une quintessence de la conscience.

L'acte de foi serait donc nécessaire. Mais si c'est le cas, peut-on le sortir du contenu dogmatique imposé par le religieux ? Pourrait-il alors être autre chose qu'une faveur divine, une grâce octroyée par un Dieu créateur de tout ?

Cette question est celle que tout le monde se pose lorsque la foi classique en un Dieu tout puissant ne suffit plus à calmer une spiritualité débridée. Pourtant il serait dommage de laisser celle-ci éparpiller sa créativité brouillonne sans une force vitale pour la guider.

Remarquons d'abord que l'homme conscient est nécessairement lié à un acte de foi. Qu'il soit croyant au sein d'une religion quelconque ou athée avec une détestation de toute croyance ou même agnostique, indifférent au problème de Dieu, il n'empêche que chacune de ces positions implique un acte de foi de sa part. Récuser l'existence d'un Dieu ou simplement s'en désintéresser constitue en soi une croyance tout aussi bien que croire à son existence. Ainsi, qu'il en soit conscient ou non, l'homme qui dispose d'une conscience active est nécessairement amené à conditionner sa vie spirituelle sur un acte de foi.

Étymologiquement « avoir la foi » veut dire « avoir confiance ». La foi biblique originelle est d'abord une affaire de confiance en Dieu. Les grandes religions monothéistes en ont fait un acte de croyance. Par cet acte, vous confiez la conduite de votre spiritualité à l'impérialisme du religieux, vous l'enchaînez à la pensée bien-pensante élaborée par la caste des prêtres, seuls autorisés à l'interprétation théologique. Toute déviation est interdite et, canalisée par le rituel, votre spiritualité se laisse endormir dans un mysticisme adouci. C'est cette forme de foi qu'il convient désormais de repenser dans le cadre de la perspective ouverte par le renversement du concept même de Dieu, c'est à dire par l'acquisition par l'univers d'une conscience de lui-même.

Avec l'effondrement du religieux, le concept du Dieu tout puissant s'évapore. On ne le voit plus là-haut, dans les cieux comme un souverain créateur ou même pour certains comme une divinité guerrière qui dirige et protège son peuple. Il ne sert à rien de le prier pour qu'il nous pardonne des péchés qui sont de toute façon illusoires puisque projetés sur un idéal imaginaire et le rituel qui lui est associé ne peut que nous maintenir dans un état de dépendance. Renverser le scénario de cette création venue d'en haut rend aujourd'hui possible la perspective d'un acte de foi libre et par là ouverte au génie humain. C'est là le fait majeur.

La croyance en un Dieu tout puissant et créateur de tout convenait bien à l'époque où le corps mémoriel n'avait pas atteint le niveau de connaissance qu'il a aujourd'hui. Ce manque de connaissance ne permettait pas à la conscience individuelle d'avoir la profondeur suffisante pour s'interroger sur la possibilité morale d'un tel Dieu, il lui manquait la puissance d'un raisonnement critique capable de la libérer du créationnisme bêtifiant que lui imposait la recherche d'une réponse à la question transcendantale. La solution se trouvait alors dans un acte de foi simpliste qui consistait à concevoir une création ab nihilo qui descende des cieux, un acte de foi que le religieux avait dûment codifié dans un dogme nécessairement sacré et dont les textes font encore l'objet d'exégèses fastidieuses et profondément inutiles.

Aujourd'hui ce n'est plus d'actualité. La connaissance acquise rend la Genèse de la Bible inopérante. Bien sûr certains diront que la création initiale de l'univers, partie de rien, du vide, il y a 17,7 milliards d'années, pourrait justifier une intervention divine, mais une telle approche est trop réductrice. Pourquoi la mise à feu initiale, que l'on ne sait pas expliquer aujourd'hui (bien que les derniers modèles mathématiques en cours proposent des hypothèses), aurait-elle une cause divine alors que la suite de l'évolution s'explique tout à fait naturellement ? Il n'est pas pensable que Dieu ait pu créer les conditions de cette explosion initiale pour s'en désintéresser ensuite complètement ! Ce serait totalement contradictoire avec l'idée que l'on peut se faire d'un Dieu ! En effet l'histoire de l'univers après ce Big Bang s'explique formellement par des modèles mathématiques ; de la même manière l'évolution biologique du vivant obéit à des théories expérimentalement démontrées dans lesquelles seul le hasard semble jouer le premier rôle. Dieu se serait donc contenté d'allumer la première étincelle, se désintéressant ensuite de tout ce qui a suivi ! C'est évidemment contraire au concept même d'une puissance divine, le minimum serait qu'elle accompagne sa création et l'oriente afin de la rendre fructueuse plutôt que de la laisser aller son chemin au hasard, sans direction !

Le renversement de perspective que nous introduisons ici permet au contraire de voir un Dieu en création permanente au sein d'un corps mémoriel dont l'importance sans cesse croissante est telle qu'il est possible désormais d'envisager une *nooconscience* portée par la fusion des milliards de consciences individuelles qui y participent. L'homme par son pouvoir créateur serait ainsi l'acteur unique d'une création divine jamais terminée, une création qui s'enrichit chaque jour un peu plus et dont l'ampleur dépasse aujourd'hui notre entendement.

Mais comment l'homme a-t-il pu acquérir un tel pouvoir créateur ?

Tout vient de cette spécificité de l'espèce humaine par rapport à l'animal : la capacité à créer et mémoriser de la culture. C'est de cette mémorisation culturelle et des échanges interhumains qu'elle implique que la conscience émerge et évolue. On l'a vu, la conscience n'a pas une source biologique dont on pourrait identifier les gènes, elle ne suit pas les règles qui gouvernent l'évolution naturelle du vivant, son fondement est la culture sociale et son évolution dans le temps ne peut qu'être liée à l'évolution de cette culture. En fait la conscience est en création permanente au sein d'un bouillon de culture, un bouillon qui contient tout ce que l'homme crée avec son esprit et son intelligence, aussi bien la peinture, la sculpture, la musique, les sciences, les techniques ou simplement l'art de vivre et la morale.

Ce bouillon de culture, c'est le corps mémoriel accumulé au fil des millénaires et dont la croissance devient aujourd'hui vertigineuse. Il y a seulement deux siècles, un homme seul pouvait assimiler l'ensemble du contenu du corps mémoriel et analyser par lui-même les relations inter-domaines. Aujourd'hui cela est impensable, même à l'intérieur d'un seul domaine ou alors de façon superficielle. La complexité atteinte est telle qu'il devient nécessaire de partager l'information et de l'échanger à tous les niveaux.

Le corps mémoriel constitue en quelque sorte un terreau culturel qui nourrit la conscience humaine laquelle en retour l'enrichit, assurant ainsi la démultiplication de sa force créative. Au cœur de ce processus relationnel se trouve un réseau intelligent dont la densité croit sans cesse et même s'accélère grâce aux apports technologiques de l'ingéniosité humaine. La *nooconscience* dont nous entrevoyons l'émergence au sein du corps mémoriel et de son réseau relationnel représenterait en quelque sorte une conscience universelle en gestation.

Il se dégage de ce processus culturel une force de création dont il est difficile de concevoir la vitalité. Cette force peut faire penser qu'au lieu d'un Dieu créateur de tout, il y aurait plutôt un Dieu en création, un Dieu nourri par le génie humain, un Dieu qui s'exprimerait dans ce corps mémoriel dont la croissance ne cesse de s'accélérer.

Mais pourquoi dans cette approche avons-nous besoin du concept de Dieu ? Pourquoi diviniser en quelque sorte cette *nooconscience* dont nous pressentons l'émergence ?

Bien sûr il ne s'agit pas de diviniser mais bien plutôt d'appréhender, de concevoir l'émergence d'une conscience universelle et au sein de cette conscience, la foi créatrice à la source du devenir humain. Le concept de Dieu signifie ici qu'il est impossible de donner une réalité concrète à ce phénomène. Chacun de nous, grâce aux relations qui s'activent sans cesse au sein du corps mémoriel, peut être vu comme un neurone appartenant à un fantastique cerveau virtuel au sein duquel émergerait la *nooconscience*. N'étant que les constituants de cet énorme cerveau planétaire, nous ne maîtrisons rien, nous sommes limités par l'horizon de notre conscience propre. Tout ce que nous pouvons faire, c'est extrapoler une vision de cette *nooconscience* en l'imaginant analogue à la nôtre. En effet il y a une analogie étroite : la *nooconscience* s'active dans des boucles réflexives qui s'élaborent au sein du cerveau virtuel constitué par les mémoires du corps mémoriel et son réseau relationnel, tout comme la conscience humaine émerge dans les mécanismes neurologiques du cerveau biologique. C'est dans ce processus que la pensée se modélise et cherche à s'exprimer par tous les moyens possibles.

Face à ce cerveau virtuel, nous ne sommes individuellement que de simples exécutants et la pensée que pourrait générer une telle *nooconscience* nous reste inaccessible : tout demeure dans notre inconscient dans lequel elle s'exécute partiellement sans que nous nous en rendions compte. Nous ne pouvons que constater son influence et les résultats de son action sur l'évolution de la société humaine. Finalement nous ne pouvons que la pressentir comme une force, un élan qui pousse chacun de nous vers plus de conscience.

Il faut savoir accompagner cette force et pour cela il est nécessaire d'aller au plus profond de soi-même, là où rien n'existe plus. L'art sous toutes ses formes peut y contribuer, mais aussi une simple balade en montagne ou encore plus simplement réussir un geste, une innovation qui transcende votre esprit. Cette volonté de dépassement de soi se mesure dans tous les domaines. Il s'agit non pas d'être le meilleur par comparaison aux autres, mais d'être à l'extrême, au maximum de ce dont on est capable. Quel serait donc l'intérêt de rester en deçà, de se cantonner dans un moyen terme alors que les possibilités dont nous disposons nous permettent de viser beaucoup plus haut.

Prendre conscience de cette force, c'est prendre conscience du pouvoir potentiel du génie humain capitalisé dans le corps mémoriel. Il suffit de se rendre compte de l'accélération vertigineuse de la croissance de ce corps mémoriel pour concevoir que cela mène nécessairement quelque part : soit vers une implosion catastrophique qui détruirait toute conscience, soit vers une conscience élargie à l'univers entier mais dont nous ne pouvons qu'esquisser la signification. L'univers a besoin de nous, de notre observation, pour se découvrir.

Il y a derrière cette prise de conscience une ouverture spirituelle qui dépasse largement celle offerte par une religion multimillénaire dont l'objectif est de réduire la spiritualité à son dogme. Plutôt qu'être asservis à une croyance qui vient d'en haut, nous renversons le mouvement : nous sommes acteurs dans la cristallisation d'une *nooconscience* au sein d'un corps mémoriel dont la richesse culturelle multiforme devient incommensurable. Mon acte de foi s'exprime alors dans une participation consciente à cette cristallisation.

C'est au cœur de cette *nooconscience* que j'imagine Dieu comme une force vitale, une poussée dont la puissance croit sans cesse avec l'expansion du bouillon de culture constitué par le corps mémoriel. Cette poussée emmène l'humanité vers des horizons que nous ne sommes pas capables d'imaginer, tout comme personne il y a un siècle n'aurait imaginé le pouvoir de création de l'homme d'aujourd'hui, par exemple dans le domaine biologique ou simplement dans la technologie des communications sociales.

Il ne s'agit donc pas de donner sa foi à un Dieu transcendant qui existerait à priori et serait le créateur de tout. Au contraire, il faut renverser le modèle et voir un Dieu émergeant du bouillon de culture que nous avons amassé depuis des siècles et continuons à amasser à une vitesse toujours croissante. Ce Dieu, nous le modelons chaque jour par nos pensées, nos réflexions, notre morale, notre spiritualité.

Ce concept est sous-tendu par la poussée irrésistible qui est de rendre l'univers conscient de lui-même. Mais cette poussée n'existe pas à priori, elle est le fruit de nos consciences fédérées dans une *nooconscience*. Ainsi l'univers, parti de rien dans une explosion apocalyptique, n'existe en fait que par ce « Dieu » auquel nous donnons petit à petit conscience de lui-même.

Le rituel religieux traditionnel nous demandait d'adorer un Dieu transcendant. Cela ne sert à rien, sauf à encager cette foi, c'est à dire développer une spiritualité asservie au dogme. En renversant cette vision de Dieu, nous libérons notre spiritualité et la rendons créatrice. Avoir une foi créatrice signifie alors partager un effort commun dans l'évolution de la conscience. Il s'agit pour chacun de contribuer à son niveau personnel au développement du corps mémoriel que constitue le bouillon de culture de l'humanité. L'acte de foi n'est plus une confiance aveugle, un don de soi, encore moins une grâce divine descendue du ciel, c'est désormais un effort conscient de participation à la cristallisation d'une *nooconscience* partagée par tous les hommes.

La foi ainsi considérée nécessite qu'on la cultive, mais pas dans le cadre de rites et de dogmes imposés. C'est une foi libre, une force vitale générée par ce besoin de savoir qui grandit sans cesse au sein du corps mémoriel et qui pousse la conscience à être toujours plus. Cette foi créatrice se cultive par l'éveil spirituel. Tout est bon pour sortir de temps en temps du train-train quotidien, comme par exemple plonger son regard dans le bleu profond d'une fleur de montagne. Cette capacité d'observation doit être cultivée sans relâche, elle constitue le point clé de cet éveil spirituel. En effet la moindre observation peut mener à des découvertes étonnantes, des découvertes capables de susciter de nouvelles réflexions. Il suffit par exemple de savoir observer le comportement d'un chat ! Et derrière cette volonté d'éveil, il y a nécessairement le feu de l'enthousiasme sans lequel rien ne peut se faire !

Cette foi créatrice n'est pas communautaire comme l'était la foi chrétienne, elle est multiple en ce sens que tout le monde y participe qu'on le veuille ou non. Elle ne subit pas de rites, ni n'obéit à un dogme, elle vit dans les réseaux d'échanges autour d'un corps mémoriel commun, elle s'anime dans les discussions, dans les relations sociales, dans le partage d'idées, dans la recherche scientifique ou artistique de toute nature. Vivre une foi créatrice, c'est modeler l'homme de demain !

Dans des moments de désespoir, quand la balance penche dangereusement vers le néant, alors il est temps de s'arrêter pour considérer le chemin parcouru. Individuellement je suis un esprit avec une mémoire et des sensations, condamné à disparaître un jour sans avoir rien compris et pourtant ma seule existence, même la plus banale qui soit, représente une contribution essentielle au corps mémoriel.

Tout au long de sa vie, l'esprit humain laisse des traces de culture et c'est dans ces traces qu'il survit après la mort. Certaines traces deviennent universelles comme une grande découverte scientifique ou une œuvre artistique signifiante, d'autres ont une portée informationnelle dans un domaine spécialisé, beaucoup se développent dans le cercle restreint des relations familiales ou amicales comme l'éducation d'un enfant ou simplement l'appréciation d'une belle descente à ski immortalisée dans une photo. Ces traces se mémorisent dans les différentes couches du corps mémoriel, elles sont à l'origine d'une communication toujours plus intense qui s'établit grâce aux multiples moyens que la technologie moderne offre aujourd'hui comme la création de blogs, ces sites où tout un chacun peut écrire son journal, raconter une expédition ou simplement commémorer un événement, et bien sûr les discussions animées sur les réseaux dits sociaux.

Chaque trace que je peux ainsi produire s'accumule avec des milliards d'autres dans le corps mémoriel, ensemble elles constituent ce corpus culturel où se cristallise la force vitale qui mène nécessairement vers un futur que nous sommes impuissants aujourd'hui à imaginer.

Finalement donner sa foi à l'évolution du monde, c'est avoir confiance dans ce potentiel extraordinaire de l'humanité que représente le corps mémoriel. C'est aussi sentir la force vitale qui se dégage de ce bouillon de culture et derrière cette force entrevoir la perspective d'une *nooconscience* qui apparaît comme le résultat d'une croissance inéluctable du génie humain. Cette force doit être la source de notre spiritualité. Il faut la chercher au fin fond de notre conscience, dans le vertige que procure l'infini de l'âme en opposition avec la finitude de la nature et de la vie.

Déjà en 1947, à la sortie d'une guerre qui aurait pu plutôt apporter une vision désespérée sur l'homme et sa conscience, bien avant l'avènement d'Internet avec ses moyens de mémorisation et de communication, système inimaginable à cette époque, le Père Teilhard de Chardin voyait la conscience humaine en état d'éveil et de transformation, laissant ainsi entrevoir une nouvelle façon de penser : *Au cours de quelques générations, presque sans que nous le remarquions, notre regard sur le Monde s'est profondément modifié. Sous l'influence combinée de la science, de l'histoire et du fait social, le double sens de la Durée et du Collectif a envahi et remanié le domaine entier de notre expérience. Le temps futur (jadis vague succession d'années monotones, ouvertes à un nombre indifférent de vies individuelles dispersées) se profile désormais à nos yeux comme une période de genèse et de maturation au cours de laquelle nous ne saurions plus avancer et prendre forme que solidairement.*[21]

Il s'agit bien là du choc des consciences, conséquence de la densification de la société et de ses capacités à communiquer, quelque chose de totalement inédit dans l'histoire de l'humanité. Des ébauches ont pu apparaître avec l'agora grecque et cela a produit les premiers grands philosophes. Mais ce potentiel créatif antique est sans commune mesure avec ce que nous voyons aujourd'hui autour de nous, je dirais presque en nous !

Teilhard de Chardin conclut son livre « Le Phénomène humain » par cette phrase : *Capable de contenir la personne humaine, il ne saurait y avoir qu'un Univers irréversiblement personnalisant.* En fait l'Univers doit être

---

[21] Teilhard de Chardin, conférence donnée au World Congress of faiths, le 8 mars 1947

compris ici comme la *nooconscience* qui, elle, par son action, est *irréversiblement personnalisante !*

Faut-il une religion ? Faut-il des rites pour accompagner cette force créative qu'on voudrait plus forte, plus solide ? Sûrement pas ! Tout cela nous ramènerait dans un enfermement que nous cherchons sans cesse à briser. A mon sens il faut s'appuyer sur les fondamentaux qui gouvernent la conscience : *l'observation* et *l'étonnement.*

La religion ne peut que s'évaporer devant la volonté d'observation. Comment une croyance peut-elle résister à l'analyse ? En l'observant longtemps, en la scrutant dans ses origines et dans l'idéal qui la gouverne, on est nécessairement amené à s'étonner qu'elle puisse encore embrigader des gens. La foi divine se fige dans la croyance, pour éviter cela il faut sans cesse la remettre en question en la secouant jusque dans ses racines.

La phrase d'Aristote conserve tout son sens : *A l'origine comme aujourd'hui c'est l'étonnement qui conduisit les hommes à la philosophie. Parmi les phénomènes qu'ils ne pouvaient pas comprendre, leur attention frappée de surprise s'arrêta d'abord à ceux qui étaient le plus à leur portée (...) C'est ainsi qu'ils s'occupèrent des phases de la lune, des mouvements du soleil et des astres, et même de la formation de l'univers. (Aristote, La métaphysique, Livre I).* Et le moteur de l'étonnement c'est bien l'observation. Celui qui ne regarde plus, qui s'enferme sur lui-même, qui ne sait pas observer, perd toute possibilité d'étonnement et en particulier le plus central : l'étonnement d'être.

Il n'y a pas de bonne réponse pour encadrer, animer, supporter cette foi créatrice. C'est seulement une volonté individuelle qui pourra, en s'appuyant sur la puissance du corps mémoriel, apporter ces étincelles qui font vivre la pensée. La foi créatrice représente alors une volonté d'être, une volonté de dépassement.

Cette volonté d'être, Jean Onimus l'appelle « le poétique ». Toute expression artistique contribue à cet éveil, quel qu'en soit la source : cela peut être une œuvre d'art qui vous sensibilise ou un poème ou même un simple haïku mais aussi la vibration de votre conscience devant le bleu profond d'une fleur qui semble égarée dans un alpage de montagne. L'extrait suivant de son livre « *Qu'est-ce que le poétique* »[22] résume cette propriété mystérieuse de l'être humain :

« Nous ne pourrons survivre qu'en étant de *plus en plus créateurs*, doués de force imaginative, capables de rêver notre avenir en l'orientant non seulement vers *l'avoir* (être plus riches, plus forts, mieux protégés, etc.), mais surtout en direction de l'être, c'est-à-dire d'un accomplissement individuel et social de plus haute qualité.

Le recours aux poètes "en temps de détresse" est un appel à un rééquilibrage entre l'ingéniosité technique et le génie créateur de valeurs, seul capable de donner une signification au progrès. S'il est vrai que la perception du poétique est le fait d'une conscience attentive et pleinement développée, on peut penser que le poétique se situe au "bourgeon terminal", là où l'arbre de la vie est en intense genèse : il nous parle d'autre chose, il témoigne d'autre chose, il porte en soi une énergie de transcendance sur la nature de laquelle nous ne pouvons encore nous faire la moindre idée. Sans doute nous est-il donné pour être lui-même dépassé.

Le poétique est donc chose grave, ce n'est pas quelque noble divertissement. Au contraire, pourrait-on dire, car, sans lui, tout ce qu'on pense et fait n'est plus que jeu illusoire, oubli de l'essentiel, léthargie. S'il est vrai que

---

[22] Jean Onimus, « Qu'est-ce que le poétique », Editions Poesis.

vivre "poétiquement" c'est viser - et atteindre parfois -
l'authentique, toute conscience éveillée a besoin de cela
pour vivre sa plénitude et devenir créatrice. C'est cette
inspiration qui, par moments, vient illuminer le
mathématicien, exciter le découvreur, inciter l'ingénieur ou
le penseur à "aller plus loin" ; c'est cette force qui
transgresse les limites, bouscule les humanismes et les
sagesses closes. »

LE DEVENIR DE LA SPIRITUALITE

Toute lumière définitive est dans l'avenir vers lequel nous sommes penchés.
Teilhard de Chardin
Lettre à Léontine Zanta

UNE HUMANITE FRACTUREE

Nous assistons en ce début du XXIème siècle aux derniers soubresauts de la fin des religions. Les rites qui en assuraient l'ossature perdent leurs valeurs symboliques et s'évanouissent peu à peu dans le pragmatisme ambiant. Avec la disparition des croyances issues du religieux, c'est une liberté vertigineuse qui émerge, une liberté de la Pensée, une liberté profondément créative mais aussi une liberté dangereusement destructive. L'homme, devenu démiurge, imagine maitriser l'histoire en lui imposant une direction dont le sens lui est inaccessible. En fait il ne maitrise rien, cette histoire qu'il crée tous les jours s'élabore au sein d'une *nooconscience* sociétale créée par une participation de tous au sein d'un même corps mémoriel. Dans ce corps mémoriel s'accumule et s'organise une connaissance toujours plus riche.

Au sein de ce processus, la conscience a le maître mot. Plongée dès le berceau dans le tissu informationnel du corps mémoriel grâce à la densité des réseaux de communication, elle refuse la croyance pure et dure parce qu'elle n'y trouve plus son compte. Sa spiritualité se cherche dans un foisonnement d'idées, de concepts, de nouveaux regards sur le monde ; elle se réfléchit dans une *nooconscience* en devenir, contribuant ainsi à la création du monde futur. Demain ne peut plus être comme hier et chaque nouvelle génération verra un monde dans lequel la précédente ne se reconnaitrait pas.

La culture, le capital accumulé du savoir, voilà ce qui fait la religion aujourd'hui. Il y a dans ce capital une diversité d'information fantastique et cette diversité continue à s'accroitre sans qu'on puisse seulement en imaginer l'horizon. C'est par l'accès du plus grand nombre à cette culture scientifique, artistique, philosophique que le tissu informationnel partagé par tous se développe vertigineusement. C'est dans cette diversité que la conscience trouve sa raison de vivre. Libérée des rites et des croyances, portée par le savoir acquis du corps mémoriel, la conscience dispose aujourd'hui d'un pouvoir créateur dont il est difficile de concevoir la force. Tout devient possible, la vie n'est plus une voie tracée à priori qui suffit de suivre sans y penser, rien ne sera plus comme avant. L'horizon de notre spiritualité s'enfuit désormais dans les mystères de la *nooconscience*.

De ces considérations, on comprend que l'éducation soit devenue un facteur essentiel dans le devenir de la spiritualité. C'est dans les mots, dans les textes, dans l'échange des idées au sein du corps mémoriel que se construit progressivement la conscience. Il y a tellement de choses à apprendre, il y a de plus en plus de choses à comprendre pour seulement arriver à pénétrer ce tissu informationnel qui est au cœur de notre devenir ! Oui ! L'éducation est nécessaire pour activer ce besoin de connaissance à la source du développement de la conscience, c'est dans l'éducation que nait cette curiosité insatiable qui nous pousse toujours plus en avant jusqu'au but ultime qui est de découvrir ce qui fait l'univers et son origine. Nous ne pouvons plus rester cantonné dans le misérabilisme spirituel des croyances, il nous faut dépasser ce stade, l'homme vaut mieux.

Cette fin programmée des religions entraine des dérives souvent violentes et toujours absurdes : c'est la montée de poussées extrémistes fulgurantes qui veulent combattre un monde estimé déchu et au sein duquel aucun espoir ne semble se dessiner. Ces poussées régressives trouvent leurs sources dans les prophéties de prédicateurs qui annoncent l'avènement du Royaume de Dieu. Emporté tout entier par cette croyance, le djihadiste donne sa vie pour défendre son dieu unique, protéger son image, travailler à son triomphe et finalement bâtir son royaume.

A l'origine de ces poussées régressives, il y a un certain mal être provoqué par une déstructuration de la société. La disparition de la religion laisse un vide spirituel mal ressenti par certains jeunes en désespérance d'un idéal. Il ne s'agit pas là d'une manifestation d'inculturation, ces jeunes ne sont pas a priori des rejets de la société, simplement ils n'acceptent pas un monde dont ils ne comprennent pas l'évolution. Ils versent alors dans la facilité de croyances primaires tirées de textes religieux millénaires et réclament un droit d'exister sur la base de ces croyances. Tout de suite ils se trouvent en butte avec la société où ils sont nés. Les règles de vie, les connaissances, les joies, les plaisirs, rien n'est plus en accord avec leur idéal spirituel. Ils ne peuvent qu'abhorrer cette société de la connaissance.

Dans une telle dérive, des croyances extrêmes jaillissent ici et là, souvent absurdes, plus absurdes même que la croyance absolue d'Abraham qui va jusqu'à vouloir sacrifier son propre fils pour obéir à son Dieu. L'islamisme extrémiste des djihadistes représente un bon exemple de ces soubresauts qui poussent des gens emportés par cette folie de la croyance à vouloir annihiler des vestiges de civilisations antiques parce que contraires à leur idéal de pureté. L'Islam joue ici un rôle artificiel, il apparait comme le vecteur le plus porteur pour répondre à ce besoin de défier la société au sein de laquelle ils ont été élevés. L'islamisme qu'ils professent n'a d'ailleurs rien à voir avec la mystique délicieusement pure de la religion de l'Islam, il ressort plutôt d'un communautarisme simpliste où ces affamés de croyances, en quête d'un idéal spirituel ou plutôt d'un but pour concrétiser leur vie, se retrouvent autour d'un projet dont l'objet est désespérément réduit : éradiquer la société occidentale qu'ils détestent pour établir une société excessivement simplifiée et gouvernées par des rites autant rigides qu'absurdes. L'Islam ne sert ici que de support parce qu'il possède en lui-même les règles de vie que recherchent ces spiritualités déboussolées. L'ensemble de ces règles a pour objet de contrôler la vie des croyants, tendant ainsi à les rassembler au sein d'une même unité dans un enfermement qui inhibe la Pensée. Un tel enfermement conditionne la conscience : toute liberté, tout questionnement devient condamnable et doit être puni selon la loi sacrée.

Ces jeunes déboussolés se laissent attirer par les sirènes des fous de Dieu espérant trouver là une raison d'exister, ils sont en recherche de croyances pour satisfaire une spiritualité affamée, ils se désolidarisent du corps mémoriel de leur société. Ils découvrent alors la tentation des extrémismes, du fondamentalisme religieux. Ils rejettent la culture, l'éducation seule apte à les enrichir et finalement la richesse des liens avec le corps mémoriel de leur société. Ils refusent l'art, l'histoire, la culture, le plaisir de vivre. Et tout cela au profit d'un idéalisme absurde, aussi absurde que celui d'Abraham. On voit ainsi se développer un antagonisme croissant entre une civilisation qui se libère des dogmes et une civilisation restée en arrière, incapable de donner à son peuple la liberté de penser nécessaire. Pour ces consciences endoctrinées, une civilisation libérée de toute religion, une civilisation de la connaissance, est considérée comme une insulte. Pour eux la vie ne peut absurdement exister que dans une société obligatoirement enfermée dans un vieux dogme millénaire et des rites excessivement contraignants. Leur croyance initiée au plus profond de leur être leur permet des actes qui apparaissent complétement absurdes et insupportables à toute personne consciente et libre.

On voit ainsi se dessiner une humanité fracturée : d'un côté une conscience en devenir, portée par le partage et l'empathie, de l'autre une conscience en régression absolue au sein de laquelle les règles morales peuvent accepter le mal absolu pourvu que cela contribue à la pureté divine de sa croyance.

La fracture s'agrandit vertigineusement : d'un côté la partie intellectuelle qui participe à la recherche dans tout domaine que ce soit, du scientifique au poète et qui conséquemment contribue à l'évolution du corps mémoriel. De l'autre une humanité en régression qui se replie sur de vieilles croyances et considère le progrès, la recherche, toute évolution scientifique ou spirituelle et même l'éducation comme néfastes et même insupportables ! Dans cette humanité en régression on reconnait bien sûr ceux qui s'encagent dans des croyances antiques comme pour les djihadistes. Mais il y a aussi certains mouvements écologiques qui imaginent possible de tout arrêter et de revenir à une vie paisible dans laquelle on éliminerait tout l'artificiel, toute évolution vers un futur inconnu, pour se baser uniquement sur ce qu'offre la nature.

Faut-il avoir peur de cette fracture ? Comment voir le devenir de la conscience face à une telle régression qui s'appuie sur des croyances exacerbées jusqu'à l'absurde ? Cela pourrait-il mettre en cause l'évolution culturelle telle que nous l'avons pressentie vers plus de connaissance et vers plus de conscience ? Pourrions-nous être en présence d'un conflit émergent entre notre monde occidental et sa culture triomphante face à un monde islamisé à l'extrême et décidé à imposer ses croyances les plus rigides ?

En fait ces débordements restent marginaux même si leurs effets peuvent être violents. Malgré la peur qu'ils peuvent générer, ces mouvements islamistes sont limités en audience, la plupart des musulmans restant finalement en dehors de ces poussées d'extrémisme et étant plutôt enclins à s'intégrer dans l'évolution initiée par l'Occident. Sans doute ces groupements extrémistes ont déclaré la guerre à notre civilisation, cependant ils ne sont qu'un pourcentage très faible sur l'ensemble de la population musulmane. De même, les quelques djihadistes occidentaux ne représentent pas grand-chose même si leur violence folle peut faire peur et il n'y a aucune raison de s'affoler de l'invasion de réfugiés musulmans dont le seul désir est de vivre loin des guerres et autres combats fratricides qui leur sont imposés.

Bien sûr on peut imaginer une invasion insidieuse l'Islam dans nos sociétés de la connaissance, notre civilisation occidentale pourrait alors régresser peu à peu dans un monde de croyances désespérément étroit. La construction de mosquées se multiplierait un peu partout, des réactions primaires pourraient se développer rappelant les guerres périmées de religion. Mais il ne s'agit pas de cela. La société occidentale s'est aujourd'hui suffisamment détachée des religions pour savoir lutter, la liberté de la connaissance est un acquis qui ne peut être annihilé et ces débordements ne pourront jamais dépasser l'environnement étroit et régressif dans lequel ils se développent. L'accroissement des échanges au sein du corps mémoriel et l'émergence d'une conscience universelle, la *nooconscience,* est un phénomène inéluctable, notre futur ne peut s'esquisser que dans la croissance du génie humain vers toujours plus de connaissances. Toute l'humanité participe à cette évolution et concourt à l'émergence d'une civilisation nouvelle, la civilisation de la connaissance. Même les pays musulmans encore embourbés dans leurs croyances évoluent nécessairement dans cet espace de la connaissance. Tout est possible parce que demain ne sera jamais plus comme hier.

EN AVANT !

Pouvons-nous bien continuer à vivre, nous en qui pour la première fois peut-être dans l'Univers, s'est éveillé le don terrible de voir en avant ? écrit Teilhard de Chardin dans Le Phénomène humain.

En avant ! C'est un leitmotiv chez Teilhard et il a raison. A quoi cela pourrait-il servir de se retourner et de chercher à revivre un passé devenu historique. Même pendant la guerre sanglante et absurde de 1914-18, Teilhard, qui a participé aux combats en tant que brancardier, voyait une évolution en marche vers la connaissance, inéluctablement et quoi que fassent les hommes en train de se massacrer mutuellement.

Nous avons commencé cette réflexion en posant que, en acquérant la conscience du temps, l'homme a été conduit à s'interroger sur son existence avec ce que nous avons appelé la question transcendantale : « *Pourquoi y-t-il quelque chose plutôt que rien ?* » Alors notre réflexion aurait-t-elle suggéré une réponse ? L'évolution avait-elle un but quand elle nous a fait naître en tant qu'être conscient ? Pouvons-nous maintenant mieux comprendre ce qui nous fait conscient d'être : *d'où je viens ? Où vais-*

je ? Et que dois-je faire dans ce laps de temps qu'il m'est donné de vivre ?

Une réponse ? Certainement pas ! Ce serait la fin de l'homme dans ce monde !

En effet la réponse nous échappe sans cesse malgré notre envie insatiable de savoir et il faut convenir qu'il n'y aura probablement jamais de réponse. Mais c'est justement dans cette absence de réponse que se niche le cœur même de la conscience, un cœur qui a besoin de nous pour battre et c'est pourquoi il faut savoir parfois arrêter le temps, s'asseoir devant une fleur d'un bleu profond perdue dans les cailloux d'une montagne et méditer encore et encore devant la question transcendantale. Il faut se la poser sans cesse, se la répéter tous les jours parce qu'elle est le moteur de la foi créatrice. Elle est la bouée de sauvetage pour éviter de se noyer dans la frénésie de la vie quotidienne et perdre ainsi toute volonté de recherche, toute curiosité sur le devenir du monde.

Oser se poser une telle question, c'est se libérer du carcan qui vous enserre et bride votre imagination. L'espace inconnu vers lequel cette question vous emmène procure un élan mystique qui nettoie l'esprit comme après un mauvais rhume et le libère des contraintes immédiates qui freinent la pensée. Il y a dans cette question un vent de liberté inimaginable qui éblouit et enthousiasme. Il y a un vent de mort aussi, activé par le vertige qui vous prend à la gorge devant l'immensité du néant.

Oser se poser cette question, c'est vous extirper de votre animalité et finalement vous faire exister plus. Quel serait donc l'intérêt de rester esclave de vos sens physiques, c'est à dire de se contenter de sensations qui peuvent vous faire jouir ou vous faire souffrir, mais qui sont des sensations du présent, sans lendemain, ni futur. Laissez donc le chat à son immédiateté et retrouvez la sensation de la durée. En tant qu'homme, votre conscience a le devoir de s'exprimer.

Oser se poser cette question, c'est finalement faire sortir l'univers de son néant. Tout comme la fée Clochette, l'amie de Peter Pan, a besoin que beaucoup d'enfants pensent aux fées pour survivre, l'univers a besoin que le plus grand nombre d'entre nous l'observent pour exister.

Oui ! Cette question constitue la source d'un élan vital qui vient en réaction à la crainte de ne vivre que pour mourir. Dans l'angoisse que provoque l'échec de la mort, des pulsions de créativité jaillissent, c'est tout le pouvoir imaginatif de l'homme qui s'élabore. Grâce à cette angoisse, l'homme, fouetté par la curiosité, cherchera toujours plus loin, plus avant, des explications sur le commencement de tout. Oui ! Il y a derrière cette question transcendantale une force irrésistible qui est à l'origine même de toutes les créations humaines. Sans cette force, l'homme ne serait encore qu'un animal, il vivrait dans l'immédiateté, il ne connaîtrait pas le passé et n'imaginerait aucun futur.

La conscience a sans doute émergé d'un trop plein sociétal sans que cela réponde à un besoin biologique, son origine serait ainsi purement culturelle. C'est grâce à elle que l'homme s'est extrait de son animalité et a développé ce savoir qui fait de lui un démiurge. Il y a dans cette conscience un élan vital qui pousse l'homme à participer au développement du tissu informationnel au sein duquel une *nooconscience* planétaire pourrait émerger. C'est là que se situe le cœur de l'évolution de l'homme. Ne nous méprenons pas, il ne s'agit pas d'évolution biologique, celle-ci existe toujours bien sûr mais son temps n'est plus le nôtre. Notre temps à nous est celui de l'évolution culturelle, celui qui anime la conscience, et ce temps subit aujourd'hui une telle accélération que nous pouvons désormais le mesurer dans une vie !

Oui ! Il y a dans la liberté de simplement se poser la question de l'existence une immensité fabuleuse, presque une ivresse. Rien, aucun dogme, aucune croyance, ne doit l'étouffer, la noyer dans le confort douillet d'une religion. Il faut au contraire la pousser le plus loin possible jusqu'à ce que l'inanité d'être envahisse toute la pensée. Alors seulement vous commencerez à sentir sa force vitale, source de la créativité humaine, jaillir de votre inconscient, un inconscient nourri par l'histoire culturelle accumulée du corps mémoriel. C'est de ce corps mémoriel qu'émerge la *nooconscience*, c'est dans ce corps mémoriel que se cristallisent les spiritualités de tous ceux qui pensent et qui cherchent. Il n'y a plus qu'à emboîter le pas à ce mouvement irrésistible qui est de rendre l'univers encore plus conscient de lui-même.